红色记忆® 41

我的父亲母亲

海南省文化交流促进会　编著

南海出版公司

2015 · 海口

图书在版编目（CIP）数据

红色记忆 41 / 海南省文化交流促进会编著 .
— 海口：南海出版公司，2015.4（2025.1 重印）
ISBN 978-7-5442-7756-3

Ⅰ . ①红… Ⅱ . ①海… Ⅲ . ①革命传统教育–中国–
青少年读物 Ⅳ . ① D642-49

中国版本图书馆 CIP 数据核字（2015）第 072060 号

HONGSE JIYI · 41——WODE FUQINMUQIN

红色记忆 · 41——我的父亲母亲

作　　者 海南省文化交流促进会
总 策 划 刘　栋
顾　　问 贾延岩
执行总编 任在齐
责任编辑 聂　敏
封面设计 郑广明
排版印务 夏君香
发行总监 杨成春
出版发行 南海出版公司　电话：（0898）66568505
社　　址 海南省海口市海秀中路 51 号星华大厦五楼　邮编：570206
电子信箱 nhpublishing@163.com
经　　销 新华书店
印　　刷 天津睿意佳彩印刷有限公司
开　　本 787 毫米 ×1092 毫米　1/16
印　　张 6.5
字　　数 116 千字
版　　次 2015 年 4 月第 1 版　2025 年 1 月第 2 次印刷
书　　号 ISBN 978-7-5442-7756-3
定　　价 39.80 元

序

对历史无知的人，没有真正的信仰可言；没有信仰的人，不可能拥有美好的理想，不可能胸怀崇高的情感，也就不可能担负起任何责任。用欲望文化代替历史教育，足以使一个国家的青年被腐蚀、使一个民族的希望被毁掉，使这个国家和民族被永世万代地奴役！

鉴于此，我们呼唤历史，唤回那段属于二十世纪的“红色”历史，唤回那段炮火硝烟、颠沛流离的历史，唤回那冲天的狼烟留下的悲壮回忆、岁月年轮沉淀的斑驳痕迹。历史不应该被忽略，更不应该被遗忘，牢记那段革命战争年代的红色历史更是责任。为了那些不应该被忘却的记忆，为了那些不应该被丢弃的信念，于是就有了这套《红色记忆》丛书。

曾记否，当草鞋与意志丈量出来的两万五千里穿越一个伟大民族五千年的荣辱兴衰，革命的火种被一路播撒、一路点燃。人迹罕至的雪山、荒无人烟的草地被鲜血浸透，衬映出一段光辉的里程；万水千山早已被远远地抛在身后，一轮红日在黄土高原磅礴而起。满目疮痍的河山在1936年10月温暖如春……

曾记否，当生命和鲜血浸染的十几年光阴将一种记忆铭刻进一个伟大民族的历史画卷，革命的火焰从星火到燎原。这栏杆拍遍、易水悲歌般的呼号，这折戟沉沙、慷慨赴义的悲壮，这铁马冰河、枕戈待旦的苦战，这红旗漫卷、所向披靡的豪迈……腔腔热血、铮铮铁骨早已被熔铸成一座不朽的丰碑，中华民族从苦难中百死后生的壮丽诗史凝结成了五星闪耀的红色记忆。

曾记否，中华人民共和国成立以来，又有无数英烈接过前辈用鲜血染红的旗帜，或壮怀激烈戍边卫国，或忠于职守鞠躬尽瘁，或绝甘分少奉献大爱，甘做国家强盛、人民富裕的铺路石，成为和平年代民族复兴的荣光，把人民心中的红色记忆浸染得分外鲜艳，永不褪色。

这红色记忆，是信念不衰、志向不改的崇高气节；这红色记忆，是无私无我、生属苍生的博大胸怀；这红色记忆，是敢为人先、披荆斩棘的拓荒精神；这红色记忆，是中华民族最宝贵的精神财富。它告诫我们，人事有代谢，传承无绝期。缅怀先烈精神，继承先烈遗志，是社会的道德和民族的良心，是后来者须臾不可忘怀的本分。

老一代人把历史的真实交付给我们，我们有责任用真实还原历史，传承给下一代，把那段岁月与现在年轻人的生活连接到一起，使他们眼中的历史变得立体、真实、可靠，让历史成为他们前进的动力。本丛书将那些流动的、随时会飘散在时间天际的事件凝固下来，希望透过这些文字、图片，感受到英雄们那坚定的革命信念，感受到那个年代澎湃的革命激情，真切体会那段“红色历史”。

忘记历史，就意味着背叛。让我们重温历史，缅怀先烈，从中汲取力量，毅然前行。

刘栋

目录

CONTENT

父亲王再兴的风雨历程

文/王　炯

王再兴

父亲十五岁加入中国共产党。察哈尔民众抗日同盟军成立后，父亲成为吉鸿昌的副官

1914年，我的父亲王再兴出生于陕西米脂。1925年，他在米脂县东街小学读书时，结识了共产党员毕维周等人，开始接受革命思想。

1928年7月，父亲由毕维周介绍加入共产主义青年团，并担任了团支部书记，第二年11月转为共产党员。在党团组织领导下，父亲在米脂县三民二中校内外积极进行革命活动。不久后，他在榆林考上陕西省立第六中学，继续从事革命工作。

陕西省立第六中学原名榆林中学，创建于1903年，著名共产党人魏野畴、李子洲、刘志丹、贾拓夫等先后在这里执教或学习，发展和培养了一大批共产党员。在20世纪20年代末，全校三百多名学生中，共产党员和共青团员就有八九十名。

父亲考入陕西省立第六中学后，担任学校团支部书记。党团的活动引起陕北军阀井岳秀的注意，他把校长马济川（共产党员）和一些进步教师调往绥德师范，继而派兵到学校镇压学潮，并准备逮捕一批共产党员。一天，父亲得知敌人要进校搜捕进步学生，非常着急，立刻通知一些党团员迅速转移。王兆相就是其中之一。王兆相是神木人，大高个，在学校里几次和反动学生打架，非常引人注意。父亲找到王兆相，对他说："敌人要来抓人了，校门口已被封锁，出不去了，你赶快从后面走吧！"在父亲的帮助下，王兆相翻墙逃出了学校。后来，井岳秀抓走了十几名同学，一些党员被判了五至十年徒刑。

一些同志离开学校后，父亲担任了学校党支部书记。一次，父亲在抄写秘密文件时被训育主任发现。训育主任向宪兵队告密，宪兵队包围了学校，父亲在其他同志都安全转移后，才翻墙逃走。宪兵队的马队紧紧追赶，子弹把父亲的棉衣都打开了花。父亲连夜逃到米脂城外周家沟的三姑家，亲戚将他藏在堆麦秸的土窑里，才躲过了宪兵的追捕。敌人抓不到父亲，就搜查了我爷爷家，将我的伯父抓去，关了几天后才放回来。从此，父亲有家不能回，成为一个职业革命者。

离开学校后，父亲转移到横山，担任横山县团委书记，继续与敌人斗争。不久，敌人得到消息，追至横山，党组织通知父亲离开陕北，到山西平遥从事工运工作。为掩护身份，他在平遥织布厂当了三年织布工。

1933年初，日军侵占了热河省，进而攻占了察哈尔省东部。5月，中共河北省前线工作委员会联合冯玉祥、方振武、吉鸿昌等爱国将领，在张家口成立了察哈尔民众抗日同盟军，冯玉祥任总司令，吉鸿昌任第二军军长兼北路前敌总指挥。

共产党派了大批党员参加抗日同盟军，父亲便是其中之一。他的公开身份是吉鸿昌的副官，追随吉鸿昌驰骋沙场。

吉鸿昌就任察哈尔民众抗日同盟军北路军前敌总指挥后，于6月率部北征，收复察东失地。北路军在吉鸿昌指挥下，所向披靡，三战三捷。6月至7月，相继收复康保县、宝昌县和沽源县，紧接着向多伦发起进攻。多伦为察东重镇，被日本人视为攻略察哈尔、绥远两省的战略据点，并派重兵把守。7月7日，抗日同盟军分多路向多伦发起进攻。日军凭借坚固的工事和强大的火力，顽强抵抗。经过两天三夜的激战，多伦仍未攻下。吉鸿昌亲率敢死队，赤膊匍匐前进，连续三次指挥登

城。与此同时，吉鸿昌暗派副官率士兵四十余人，化装成伪军潜入城内。12 日凌晨，吉鸿昌再次组织猛攻，里应外合，终于打败日伪军，收复了多伦城。在战斗中，父亲紧随吉鸿昌，始终坚持在战斗的最前线。由于父亲从不讲自己的经历，因此我至今也不知道率士兵潜入多伦城内的那个副官是不是他。

1933 年 7 月抗日同盟军收复多伦

多伦的收复，粉碎了日军不可战胜的神话。至此，察东四县全部归于抗日同盟军之手，成为自九一八事变以来中国军队首次从日伪军手中收复失地之举，极大地鼓舞了全国的抗日力量。

父亲冒着生命危险给狱中的阎红彦的妻子尤祥斋送去一件棉袍。

吉鸿昌被捕后，父亲遭通缉

当时，蒋介石和国民党政府不抗日，专门排除异己。蒋介石以破坏国策为罪名，命令何应钦指挥十六个师进攻同盟军。何应钦暗中勾结日军夹击同盟军。同盟军腹背受敌，寡不敌众，遭到失败。9 月，吉鸿昌率部且战且退，退到河北顺义、昌平（现均属北京市）一带；战至 10 月中旬，弹尽粮绝，败于北平小汤山。

抗日同盟军失败后，吉鸿昌退居天津，继续从事抗日活动。父亲也随之来到天津。

1934 年春，吉鸿昌同共产党员南汉宸、宣侠父和任应岐等在天津组织成立了"中国人民反法西斯大同盟"，吉鸿昌任主任委员。"反法西斯大同盟"联络东北军、西北军以及李济深、李宗仁部队中的抗日反蒋人士组织抗日武装，在天津对秘密武装斗争人员进行培训，之后派往全国各地点燃抗日烽火。他们还编辑出版了《民族战旗》，动员民众参加抗日斗争。

父亲的公开身份是吉鸿昌的副官，实际上是中共河北省委白军部的成员，是党组织派给吉鸿昌的助手。他协助吉鸿昌开展“反法西斯大同盟”的工作，与各方人士沟通联络。吉鸿昌家的小楼成了党组织在天津进行抗日民族统一战线工作的主要联络站，被称为“红楼”。此外，父亲还要完成中共河北省委交代的其他任务。有一次，父亲到杭州去送情报，刚到接头地点就被警察围住。警察在他的外衣中没有搜出可疑东西，恼羞成怒，扣留了他的外衣后叫他快滚。父亲转身离开，心中暗自侥幸，因为情报就藏在他的衬衣口袋里。

1934 年秋，地下党内出了叛徒，一些同志意外被捕。一天，父亲收到从天津德国租界监狱寄来的一封信。信中写道：“王先生，我是从米脂到天津来投亲的女人。投亲不遇，举目无亲，遭人陷害进了监狱。可怜我身怀有孕，又遭此难，叫天天不应，叫地地无声。虽然我不认识你，你也不认识我，但我在老家听人提起过你，知道你为人仗义，所以我冒昧地给你写信，求你看在同乡的份上，救救我这苦命的女人和那没出世的孩子吧！”信后面署名是“米脂同乡尤祥斋”。

尤祥斋（1912 年—2006 年），是米脂县最早参加革命的女同志之一，1926 年加入中国共产党。1934 年在中共河北省军委做交通机要工作，10 月被捕入狱。她和我的姑姥姥高敏珍都是米脂妇女运动的先行者，最早打开米脂妇女运动的局面。她的丈夫阎红彦也是陕北的老革命。阎红彦于 1925 年加入中国共产党，曾任中国工农红军陕甘游击队总指挥。父亲与阎红彦相识于察哈尔民众抗日同盟军时期。1934 年秋，阎红彦被中共中央上海局派往苏联学习军事。尤祥斋被捕时，阎红彦已远在莫斯科，无法救援。

由于地下工作的纪律非常严格，不准发生横向的关系。尤祥斋大概是以前从党组织哪里知道父亲的情况，这才写信求援。父亲接到信，非常着急，除了报告上级党组织之外，当即冒着危险去监狱看望尤祥斋，并把自己的棉袍带去给她。尤祥斋不久在监狱里生了一个男孩，后经党组织营救，于 1935 年出狱。

1999 年，我去看望尤祥斋阿姨，她看见我十分高兴，不由得想起六十多年前的往事。八十七岁高龄的尤妈妈虽然满头白发，但思路依然非常清晰。她坐在床上，缓缓地叙说往事：“你爸爸是冒着生命危险到监狱来看我的。他带来一件棉长袍，我把下边剪短，改成一件女式旗袍。棉袍帮助我和孩子度过了监狱中的漫漫寒冬……”

在天津受过秘密武装斗争训练的人，后被派往全国各地进行抗日活动。在安徽

活动的人被捕了，引起国民党当局的注意，下令通缉吉鸿昌、南汉宸、宣侠父等人。中共地下组织得到情报，立即采取应变措施，南汉宸、宣侠父先后离津。吉鸿昌因等一批军火，暂留天津。父亲陪在他的身边。

国民党当局为抓捕吉鸿昌，精心策划了一系列阴谋。1934 年 11 月 9 日，吉鸿昌等人在天津法租界国民饭店被特务刺伤后被送到法租界工部局。父亲和他的战友们听到消息后，一边通知有关人员迅速转移，一边派南汉宸夫人王幼兰去上海，请南汉宸联系国民党上层人士营救吉鸿昌。法租界巡捕在抓到吉鸿昌后，立即搜查了吉府。他们在父亲床下的箱子里搜出了吉鸿昌和南汉宸所拟的《西北抗日义勇军细则》的底稿，将此作为给吉鸿昌定罪的证据。不久，报上出现了通缉父亲的消息，父亲只好离开天津。

国民党军统局特派员郑介民向法租界当局交涉，用四万元买通工部局，将吉鸿昌引渡到国民党天津市公安局，随后又送到北平东直门内炮局子陆军监狱。蒋介石多方拉拢不成，亲自下令枪毙吉鸿昌。11 月 24 日，吉鸿昌英勇就义。临刑前，他写下大义凛然的绝命诗：“恨不抗日死，留作今日羞。国破尚如此，我何惜此头？”同时遇难的还有任应岐。

父亲追随吉鸿昌驰骋沙场，从中学到不少军事指挥知识，为后来几十年的战争生涯打下了基础。他敬仰将军的为人，怀念将军，几十年铭记在心。

在北平寻找党组织时，父亲机智地避免了刘仁落入敌手。在陕北就任红军一团政委，跟随刘志丹参加红军东征战役

父亲离开天津后来到北平，寻找党组织。他每天在街头奔波，寻找过去的联络点。一连找了几个，发现都被破坏了，无法接上关系。有一天，他又去另一个联络点，刚刚走近，就发现周围有不少可疑的人在转悠。父亲本想立即离开，转念一想，又怕其他来接头的同志吃亏，就在附近守候。突然，父亲看见北平地下党负责人刘仁远远地过来了。他赶快迎着刘仁走过去，边走边向刘仁摇手。刘仁心领神会，迅速离开了是非之地。

中华人民共和国成立以后，刘仁曾担任北京市委第二书记。父亲于 1954 年调到北京后，多次听人提起，说刘仁一直在打听他的消息，希望和他见面。父亲听后只是笑一笑，不作任何表示。他觉得当年向刘仁报警是自己应该做的事，不值一提。刘仁现在身负重任，工作忙，不便打搅。尽管同在北京，他从未和刘仁联系。我上高中时，同班一个同学的父亲也是陕北人，在北京市委工作。他听说此事后向刘仁求证，刘仁高兴地说：“王再兴救过我，我一直在寻找他。我一定要和他见见面。”在同学父亲的帮助下，1960 年春节前，父亲带着我到北京市委大楼去见刘仁。那天晚上，市委大楼放映电影《洪湖赤卫队》，我和同学去看电影，父亲和刘仁单独见了面。他俩具体谈了些什么，父亲没有告诉我。

1934 年，中共北方局决定调派一批青年党员骨干去陕北，加强陕北党组织的力量。1935 年初，父亲被派回陕北。同年 2 月 5 日，中共陕北特委和中共陕甘边特委举行联席会议，决定对陕甘边、陕北两个特区实行统一领导，成立中共西北工作委员会和中国工农红军西北军事委员会。从此，原陕甘边、陕北两个苏区统一为西北革命根据地。父亲被任命为中国工农红军陕北游击队第五支队政委。

1935 年 10 月，中央红军主力经过长征到达陕北吴起镇。11 月，中央决定将陕北地方武装编为红二十八、红二十九、红三十军。红二十八军军长是刘志丹，政委是经过长征的宋任穷。第五支队编入红二十八军一团，团长黄光明，父亲任团政委。一团成为红二十八军的主力团。

西北革命根据地地处黄土高原北端，与毛乌素沙漠相接。这里自然条件恶劣，百姓生活贫苦。中央红军主力一下子来了近万人，吃、穿、住都遇到很大困难。中央红军主力经过一年多长征，绝大多数人衣衫褴褛，有的人甚至穿着短裤，打着赤脚。陕北的冬天非常寒冷，衣着单薄的中央红军如何过冬？为了帮助中央红军主力解决困难，陕北红军总动员，全体指战员参与筹集粮食、布匹、棉花，做棉衣、棉鞋，挖窑洞等工作。父亲和妇救会会员们一起，挨家挨户动员妇女们为部队做棉衣、棉鞋。1936 年 3 月，因工作出色，父亲被选为红二十八军唯一的代表，出席了陕北省苏维埃第二次代表大会。

1936 年春，中共中央决定红军出师抗日，进行东征。红二十八军奉命从吴堡北上，向神木、府谷进军，打通陕甘宁苏区和神府苏区之间的联系，帮助巩固神府苏区，然后从佳县以北渡过黄河，挺进晋西北。红二十八军一路北上，接连打胜仗，在佳县通过百余里的白色区域和封锁线，于 3 月 20 日进入神府苏区边界，当天在柳树沟歼敌一个排。第二天，红二十八军与神府红三团一起，歼灭驻太和寨敌军杨相枝营两个连，击毙击伤敌军一百多人，俘虏敌官兵近百人。3 月 22 日，神府特委在陈家坪举行大会，隆重欢迎红二十八军到神府。神府苏区军事负责人王兆相是父亲在陕西省立第六中学的同学，老朋友相见，分外高兴。

当时，敌人正在对神府苏区进行第三次“围剿”。红二十八军的到来，吓得敌人心惊胆战。3 月 25 日，红二十八军一举攻占沙峁镇。神府红三团和新三支队抓住大好形势，全面出击，迅速收复了敌军在“围剿”中占去的大部分失地。

同日，红二十八军军部接到毛泽东、彭德怀的电报，要求红二十八军迅速进至府谷、佳县之间的黄河西岸，准备渡河攻占黑峪口、罗峪口渡口，打破敌军的黄河封锁线，配合左路军（红十五军团）的行动。当时，黄河西岸的渡船都被阎锡山强行拉到对岸，部队没有渡船无法渡河。在神府特委及王兆相的帮助下，神府人民用了六天时间赶造了五艘大木船。3 月 31 日，红二十八军用这五艘木船强渡黄河成功，迅速攻占罗峪口和黑峪口一线，并在罗峪口全歼晋军丁炳青部二一六旅一个营，俘虏了包括营长在内的三百人，缴获了一大批枪支弹药和物资。渡过黄河后，红二十八军接到中央急电：为配合红军主力进逼汾阳，威胁太原，打通山西前方与陕北之间的联系，保证东征红军背靠苏区，特令红二十八军向离石以南黄河沿岸地区进击，并相继攻占中阳三交镇，牵制和调动敌人。4 月 14 日拂晓，围攻三交镇战斗开始。三交镇是敌人重要据点，防守严密。红二十八军初到山西，敌情、地形都不熟悉，进攻受阻。刘志丹听说进攻不顺利，带着警卫员等亲自到前线观察敌情，不幸中弹。当父亲听说刘志丹负伤，和宋任穷从前沿阵地赶到时，刘志丹已停止呼吸。父亲和全体指战员都十分悲痛。

5 月，红二十八军随主力结束东征，回师陕甘宁。

全面抗战爆发后，父亲跟随宋时轮领导的雁北支队转战于长城沿线，给日军以重大杀伤

1937 年全面抗战爆发后，红二十八军缩编为八路军一二〇师三五八旅七一六团，宋时轮任团长，父亲任二营副营长，营长陈仿仁。由于八路军初期是国民革命军编制，不设政治委员，原红军中的政治委员改称政训处主任或相应的军事副职，因此父亲的职务是副营长。不久，八路军恢复政治委员制度，父亲的职务也相应改为营教导员。二营是七一六团的主力营，有四个步兵连、一个机枪连，每个连约一百四十人，全营七百多人。

9 月中旬，贺龙率领一二〇师渡过黄河，进驻晋阳北，开辟晋绥抗日根据地。

为了迟滞日军向神池、宁武的进攻，尽快打开晋西北抗战的局面，9 月 28 日，一二〇师军政委员会在神池义井镇召开紧急会议，决定以七一六团二营为骨干组成九百余人的独立支队，北出长城，到雁门关以北敌占区去打游击战，想方设法拖住日本人的后腿。独立支队被命名为雁北支队，宋时轮担任支队长兼政委，所以雁北支队也被称为“宋支队”。

会议结束第二天，宋时轮就率领雁北支队经利民堡进入雁北。父亲带领二营随宋时轮转战雁北地区，接连打胜仗。之后又挺进大（同）左（云）地区开展游击战，牵制大同之敌。

在袭击日军的同时，雁北支队抽出一部分干部和战士深入各村宣传发动群众，帮助地方建立党支部和基层政权。先后成立了右（玉）山（阴）朔（县）怀（仁）抗日救国委员会、大（同）怀（仁）左（云）抗日救国委员会，同时组建了大怀左抗日游击大队，父亲兼任大队政委。

雁北支队在长城沿线活动 7 个多月，同日军进行大小战斗达百余次，消灭日军近千人，捣毁敌汽车近百辆，使日军受到极大震动。雁北支队为开创雁北抗日游击根据地做出了巨大贡献，同时也在战斗中发展壮大了队伍，由初到雁北时的八百余人，发展到近两千人。

1938 年 5 月，宋时轮率领雁北支队开赴平西（北平以西）地区，开辟平西抗日根据地。父亲随支队从山西开往河北，行军数千里，二营没有一个掉队的战士。部队一路上受到人民群众的热烈欢迎，热血青年纷纷报名参军，父亲所在部队很快扩大升级为团级。

雁北支队到达平西地区后，与晋察冀军区的邓华支队会合，合编为八路军第四纵队，宋时轮任纵队司令员，邓华任政委，父亲任第四纵队第十二支队（原雁北支队）第三十四大队政委。邓、宋首长率部攻占平西名寺潭柘寺，并在门头沟一带开辟平西抗日根据地，随后奉命向冀东进发。

在开辟冀东根据地的斗争中，父亲所在的第三十四大队承担了重要任务。当时，宋时轮司令员和邓华政委带领一部分人在山海关以西地区活动，纵队政治部主任伍晋南率领一部分人在古北口以西地区活动，第三十四大队摆在两部之间，单独在平谷、蓟县一带活动。父亲带领干部战士发动群众、组织地方游击队，建立地方政权，在很短时间内连克平谷、昌平、赤城三县。在冀东，父亲积劳成疾，患上严重的胃病。攻打昌平时，父亲胃病发作，但始终坚守在战场上，直至战斗胜利结束。

正当父亲战意犹酣的时候，突然接到回延安学习的命令。他不得不离开抗日斗争前线，离开多年并肩战斗的战友，于 1939 年 9 月回到延安，到马列学院学习。1940 年 11 月，父亲被分配到绥德保安四团当政委。年底，经老同学常紫钟介绍，和母亲高青蓉结婚。

1943 年 5 月，父亲进入延安中央党校学习。

1944 年 6 月，中外记者团到延安访问，其中有六位外国记者。在延安参观了一个多月后，有些外国记者提出，希望到八路军前线访问。8 月，美联社的斯坦因、

美国《时代》杂志的爱泼斯坦、合众国际社的福尔曼、路透社的武道、塔斯社的普金科一行在王世英、朱明和父亲的陪同下，东渡黄河到达晋绥。在山西汾阳晋绥军区第八分区的防区，他们亲临战场观看了罗贵波指挥八路军战士攻打日军碉堡，并采访了日军战俘。记者们对八路军战士英勇杀敌的场面留下了深刻印象。

此后，父亲就留在了晋绥，担任绥远绥中分区地委书记兼大青山骑兵旅政委。绥中地区群众基础差，加之人地生疏，工作很困难。父亲团结部队和地方同志，一起认真分析情况，一起学习上级指示精神。他还亲自到最复杂的武川县大滩一带去发动群众，清算地主老财，镇压反革命势力，很快打开了工作局面。

解放战争时期，父亲曾担任军调部集宁执行小组的中共代表。

1955 年，父亲被授予少将军衔

1945 年 8 月 15 日，日本宣布投降后，朱德总司令向八路军、新四军发出向日伪军全面反攻的命令。在晋绥区，八路军随即发起战略大反攻，将 6 月进攻大青山地区的国民党军逐回河套。之后，康健民旅长和父亲指挥的大青山骑兵旅及第二十七团一部，会同教导二队等武装，由偏关向托克托、林格尔挺进，扫平了平绥路沿线敌军的据点，从日伪军手中解放了十几座县城。

但是，国民党军与我军争夺胜利果实，双方武力冲突不断。为了调处各地的军事冲突，由国、共、美三方组成的军调部多次向冲突地区派遣执行小组。第一执行小组被派往绥远（现属内蒙古自治区）的集宁，父亲是集宁执行小组的中共代表。

集宁位于绥远省东部，紧靠山西省和河北省，平绥铁路从此经过，是贺龙领导的晋绥边区和聂荣臻领导的晋察冀边区之间联系的重要通道，所以国共双方在这里争夺激烈。

根据《双十协定》，国共两党达成从 1946 年 1 月 13 日午夜 12 时起双方军队各就原地停战的协议，绥远地区国共双方当然也应立即停战。在停战令规定的时间之前，集宁为我方占领。但傅作义部队受蒋介石密令，于 1 月 14 日抢攻集宁，与绥蒙军区部队激战三昼夜，八路军歼敌后撤出集宁。

16 日，中共中央发言人发表谈话，指斥国民党军队大肆进攻热河、绥远等解放区，坚决要求国民党军立刻从 13 日午夜 12 时以后侵占的所有地方撤出。

同日，军事三人小组飞抵张家口，准备视察集宁地区。此时，贺龙指挥的晋绥野战军已包围了集宁，准备攻城。国民党的代表为了给集宁守军解围，要求马上去集宁。聂荣臻为给八路军攻城部队争取时间，采取了拖延战术。他对三人小组说："为了保证大家的生命安全，我们必须先和前线取得联系。"国民党代表和美方代表无法反驳，只好在张家口住下来。第二天，当军事三人小组乘飞机到达集宁时，我军已拿下集宁。

3月下旬，北平军调处派出父亲为中共代表，同国民党第十二战区代表尹汉初、美军代表窦奎斯组成集宁执行小组。集宁执行小组决定，八路军绥蒙军区和国民党第十二战区互派联络组进驻对方指挥部所在地，进行军事调处事宜。

集宁执行小组内部充满斗争，经常是唇枪舌剑。父亲在这一地区工作多年，对情况十分熟悉，加上多年的地下工作和政治工作经验，使得他在与国民党代表、美方代表打交道时游刃有余，没有让他们占到便宜。

6月，蒋介石撕毁停战协定，全面内战爆发。解放军从战略大局考虑，退出集宁。父亲留在晋察冀，任十一旅政委，旅长为陈仿仁。

当时华北解放军的主要任务就是将晋绥和晋察冀两个解放区连成一片。父亲所在的晋察冀十一旅参加了晋绥野战军发起的晋北战役。他们协同晋绥部队攻克崞县（现原平县崞阳镇），全歼守敌两千多人，受到贺龙的称赞。在攻打忻县（现忻州市）时，十一旅战士用机枪打下一架敌机。那天正好是8月1日，看飞机成了战士们和老乡的主要节目。

由于贺龙司令员的坚持，1947年6月，父亲回到了大青山骑兵旅。

1949年2月，西北军区和晋绥军区合编为中国人民解放军第一野战军，父亲回到陕甘宁边区，任第一野战军骑兵第二师政委。8月，父亲随一野二兵团攻占兰州，相继出任甘肃军区政治部主任、副政委。

中华人民共和国成立后，父亲于1954年进入北京解放军政治学院学习。1955年，父亲被授予少将军衔。1956年，父亲从政治学院毕业，被任命为总参测绘学院政委。

总参测绘学院是一所为人民解放军培养测绘科技人才的高等技术院校，担负着为全军培养高、中级测绘技术干部和研究人员的任务。离开熟悉的部队，来到知识分子聚集的军队高等院校，父亲心中很是不安。他中学未毕业就投身革命，几十年戎马生涯，没有机会学习自然科学知识。现在，他天天要面对航空摄影测量学、制图学、地形测量学……一大堆从未听说过的名词，一大摞从未见过的教科书。自己不懂，他便下决心学习。在我的印象里，那段时间父亲很忙，总是很晚才回家。一吃完饭，他就把自己关在书房里，写呀，算呀，画呀，一待就是半夜。有一年夏天，父亲和我们一起去北戴河。他让我们尽兴玩，自己却关在屋里看书。1960年，父亲获得“全军学习模范”光荣称号。在获奖的人中，他是唯一的将军。随后，他

代表军队出席了“全国教育和文化、卫生、体育、新闻方面社会主义建设先进单位和先进工作者代表大会”。

最近，我在网上看到一篇测绘学院学员写的回忆文章，文中这样描写父亲：政委王再兴，陕西人，曾经和刘志丹一起打过仗。他着装整洁，举止端庄，说一口陕西话，很幽默，经常给我们讲战斗故事和光荣传统。

1961 年，父亲离开测绘学院，受命组建西安装甲兵工程学院。装甲兵工程学院的前身是哈尔滨军事工程学院的装甲兵工程系（四系），于 1961 年迁到西安，扩建为装甲兵工程学院，1969 年迁到北京，现在仍然是解放军的一所现代化的高等工程技术院校。

父亲是个严于律己的人，几十年南征北战，多次调动工作，只要上级一声令下，他立即动身，没有半点迟疑，这次也是。尽管身患严重的胃病，要离开北京，离开家，他依然没提任何条件。母亲工作抽不开身，父亲只身一人去了西安。

父亲在装甲兵工程学院的工作也是从零开始的。他带着人察看地形，选择地点，组织力量，修建校舍和驾驶场。创业伊始，条件艰苦，父亲吃不好，胃病更厉害了。但他总是忍着，不要别人照顾，也从没影响到工作。听说军委已将技术人员调集到北京时，他马不停蹄从西安赶回北京，亲自安排教授和专家们的生活及安置他们的家属。父亲在西安、北京之间来回奔波。学院的房子一栋栋建起来了，各项工作也开始有了眉目，可是，父亲却一天天瘦了下来。终于，他躺倒了。他是到北京装甲兵司令部开会后，支撑不住住进医院的。医生检查发现，他患的是胃癌，而且已经到了晚期。

在医生的帮助下，父亲虽然与疾病做了顽强的斗争，但终究为时已晚。1965 年 5 月 20 日，父亲离我们而去。那年，他才五十一岁。

（本文选自《党史博览》）

父亲在祁县的战斗生活

文 / 刘云鹤　刘小云　刘丽云　刘晓刚

抗日战争期间，我们的父亲刘秀峰曾于 1940 年—1943 年出任中共祁县县委副书记、祁县抗日民主政府县长兼独立营营长。我们之所以追溯这段历史，是因为父亲在晚年曾写过二十五首关于祁县抗日斗争回忆的诗篇。这些诗篇是在祁县党史办请求父亲回顾烽火年代浴血奋战的历史时，选用诗的表现形式重新描绘这一幕壮丽画面的。父亲逝世后，我们从他的诗篇中找到一些线索，后又通过拜访当时的一些老同志以及从报纸上搜集到的一些怀念文章，还有父亲与一些老同志往来的书信，并与祁县党史办多次接触后，基本上了解了这段历史的点滴，更深刻地感受到在那场全民族抗击日军的伟大战争中，父亲是怎样将自己的青春和热血抛洒在这块土地上，他本身具有的文韬武略又是怎样在民族危亡的关头表现出来的，从而使我们对父亲更加崇敬。

诗歌带来的震撼

我们非常惊叹父亲的记忆，三四十年后，他居然对自己指挥和参加过的战斗以及对每场战斗的时间及地理位置乃至细节都记忆犹新。

1977 年，父亲回忆起 1941 年 5 月的一次战斗，那场战斗是由太行三军区参谋长刘昌义亲自指挥的，父亲率独立营事先准确地摸清了敌情，并参与指挥，在祁县子洪口附近伏击日军，炸毁敌汽车五辆，消灭敌官兵二三十人，缴获了不少军用物资。待敌人上了板山附近，企图截击我军时，我军已跃出敌人射程，向对面的山上从容前进，敌人对我军携带战利品的凯旋情况看得清清楚楚，却无可奈何。那天，正值附近部北村庙会，远近各村来赶庙会的群众，立刻将这一胜利消息传遍全县，对群众鼓舞极大。父亲在诗中写道：

虾兵蟹将联轮栽，滚滚烟尘北地来。

车进险途入火海，投弹辎重震惊雷。

健儿虎越冲锋烈，穷寇豕奔绝命哀。

板山炮火空悲切，我自高歌得胜回。

战斗场景浮现眼前，敌败我胜振奋人心。1942 年，日军在白晋线东观与子洪口两据点间的鲁村及祁县城东南下古县村增设两据点，企图遏制我军到县城附近平川活动，但不久被我独立营相继攻克。在攻克这两个据点时，我军都采用了奇袭战术，使得敌伪措手不及。攻克鲁村时，父亲派副营长武克鲁率部队化装成日军，进入据点，以迅雷不及掩耳之势，将敌挂在墙上的枪支全部收缴。当敌军发觉来人不是日军而是八路军时，已成瓮中之鳖。因此，他写下了五言绝句一首：

克鲁克鲁村，智勇一班人。

敌人如梦醒，已经在瓮中。

攻克下古县前，独立营侦知敌人每天早晨在村堡墙内的操场上出操。即派一个连的兵力，在一个伸手不见五指的夜里，凿通堡墙，进入敌操场附近的建筑物中，埋伏下来。天亮后，敌人携带武器进入操场。当敌人集中枪支做徒手操时，我军闪电般突入场内，将敌人枪支全部收缴，同时把敌人团团包围起来，所有操练敌人都乖乖地举起手来投降，做了俘虏。他写下七言绝句一首：

星夜穿垣入古城，张罗捕捉到天明。

敌伪操练全无用，顷刻都成俘虏兵。

1941 年初春，父亲率独立营及北梁村群众到白晋线南团柏至子洪段破击，战斗场面惊险而壮丽。时隔四十余年，1982 年，他写下七律一首：

月笼原野夜风号，出击军民斗志高。

围住敌巢三四处，扒开轨道百余条。

电杆历历应声倒，缆线纷纷落地抛。

满载物资回驻地，敌人鸣炮送英豪。

同年夏的一个夜晚，父亲与几位干部战士，从平定敌占区活动回来，住到刚上山的第一个山头——太谷县箭方沿村。为防止敌人在黎明时袭击，他们选择了山头上原有的一个战壕，轮流放哨，监视敌情。父亲虽是领导，但也同大家一样轮班放哨。情景宛然，他于 1983 年写下了绝句：

夜半归来箭方沿，战壕相枕小休眠。

我同战士轮放哨，防敌包围欲曙天。

当年冬，父亲同抗大六分校的学员及太行三分区宣传队到祁县白晋线附近中梁、天居、北梁等村活动。晚间回到太谷一个叫作蛾儿尖的小山村住宿。在归途中云沉夜暗，雨雪霏霏，山路陡且滑，很难行走。同行百余人，几乎没有一个不“坐飞机”（跌跤滑坡）的。到宿营地后，战士们以柴火取暖、烤衣，互指身上泥巴，相视而笑，其乐融融。他写下绝句一首：

云沉夜暗雨霏霏，路滑山行泥染衣。

篝火照人相顾笑，无人不道“坐飞机”。

父亲还写了一些怀念战友或是描写战友英勇善战的诗歌，这些战友有的在祁县抗战中牺牲，有的则在抗战后与他分别。他这样写时任祁县三区区长的谷浪同志：

为国忠贞无所畏，善依群众有长城。

传闻谷浪村村有，歼寇无为任纵横。

诗中所指谷浪是位勇敢、机智的“李向阳”式的传奇人物，他在祁县平川地区铁路、公路纵横，敌人据点密布，斗争形势险恶的环境中巧妙与敌斗争。敌人恨之入骨，经常悬赏捉拿。然而，越捉，他的活动越活跃，斗争方式越是多样化。我们的父亲逝世后，他曾从安徽蚌埠发来唁电。

父亲还写诗歌怀念与他同壕在祁县捐躯的郭烈夫、武克鲁、张滔、史唐以及由他指引参加革命、于解放战争中牺牲在祁县的我的舅舅杨用中。这些诗虽然是他年迈以后写出来的，但读起来仍然让人壮怀激烈。1981 年春节前，他在梦到战友后醒来吟诗一首：

连天烽火似无情，赤子同仇利断金。

廿世苍黄非梦幻，赢来春晓到天明。

其实，父亲在当年艰苦的环境和紧张的战事中，就已经选择了写诗这一形式，格律诗涵盖内容丰富，他从小有修炼，写起来得心应手。他的诗当时已经成为一种战斗武器，有被编入教材的，有被刊登在根据地刊物上的，有印成传单鼓舞斗志的。他也因此被当时指导祁县工作的太行三地委领导、中华人民共和国成立后为我国导弹事业奠基人之一的谷景生同志称为“诗人县长”。

回顾逝去的岁月可以以各种文字形式，而父亲采用了诗歌这种形式，正好能淋漓尽致地表达他对社会、对历史、对时代的责任感、使命感，当然也激起了我们对父亲这段血与火交织的历史不懈追寻的激情。

来自战友的怀念

我们最早接触的是现在仍然生活在祁县的常向先、阎逢时两位老人。他们在中华人民共和国成立后的几十年中始终与父亲来往，最让我们感动的是他们受父亲之托，将父亲早年所作后又失散的《长工诉苦歌》从民间收集起来。事情还得追溯到20世纪60年代中期，父亲听到省委警卫连的战士集体唱这首歌，发现是自己的旧作。便请常、阎二位同志在祁县将其完整收集。对此，他又写诗感慨：

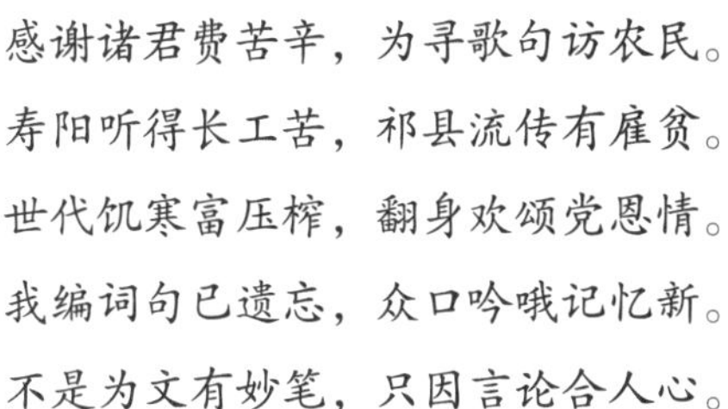

感谢诸君费苦辛，为寻歌句访农民。
寿阳听得长工苦，祁县流传有雇贫。
世代饥寒富压榨，翻身欢颂党恩情。
我编词句已遗忘，众口吟哦记忆新。
不是为文有妙笔，只因言论合人心。

常、阎二位老人回忆说，老刘（相处几十年，感情至深，早已不称呼官职）是1940年阴历十月初一到祁县赴任的。1941年—1943年，正是祁县最困难的时候。日军回师华北，对我根据地反复“扫荡”，实行“三光”政策，在敌占区实行“强化治安”，根据地缩小了，1940年百团大战之后，敌占区斗争更加困难残酷。祁县党政军机关不得不离开县址到榆社境内，抗日阵营内的某些胆小动摇分子逃跑或叛变投敌。老刘到祁县任职是由太行行署专员武光汤宣布的，那年他还不足三十岁。他们来那天正是老百姓上坟的日子，武和刘一行穿着便衣，农民装扮（到敌占区须穿大褂），沿路看到的尽是烧纸哭坟的。

当时，祁县民主政府机关时时转战，老百姓称我们的政府是“提包包县政府”。县政府设有公安局、民政科、财政科、粮食科、司法科、教育科、秘书科等，人少，只能一人顶几人干。当时县政府提出的口号是“巩固山区，面向平川”，祁县如果没有平川，也就无法巩固山区；而没有山区做基础，也无法开展平川的工作。1941年下半年成立冀南、太行、太岳行政联合办事处，即晋冀鲁豫边区前身。当时会写毛笔字的人不多，老刘写有一手好字，祝贺成立的门旗就是老刘写的。边区办事处成立后，县政府的工作主要是反奸清算和减租减息。既要除掉农村的恶霸地主和暗探，又要建立根据地，巩固游击区，进攻敌占区。逐步地，我们有了根据地，独立营扩大了，也有了游击队和武委会。

老刘做工作细致而有序，特别是在1942年为实现合理负担工作搞的统一累进税，他率领县政府的有关部门，认真丈量土地。他对全县的地理环境了如指掌，对党的土地政策严格执行，做到了有理有利有节，工作相当出色，在太行区屡受表扬。

那时候，由于阵地丢失，军政人员生活供给发生了很大困难，老刘他没有退缩，提出依靠广大干部群众，设法巩固根据地，开展敌占区工作。我们白天潜伏，晚上活动，召开干部会、群众会，进行宣传与组织。由于我们的驻地经常转移，连日的急行军、打敌人，加上供给不足，常常有一顿没一顿，干部、战士饿得走也走不动。

那时开会哪有会议室，我们的会议往往就开在河滩上。老刘几乎每次都要对大家说："你们都躺下吧，节省点体力，我来站着讲。"其实他那时身体也很虚弱，比我们更辛苦，但是他总是想着我们。

就是这么朴实的一句话，让我们记了六十年。

常向先老人说："这就是那时的干群关系啊！这就是那时的共产党的领导干部！"

中华人民共和国成立后及至20世纪90年代仍然在晋中地区各部门任职的李捷、王贵生、刘印龙、王新华、杨奋、高庆中、杨秉章等老同志曾撰文怀念他们的老首长——我们的父亲刘秀峰。他们回忆到父亲在祁县那段历史时，无不感慨老首长的人格。文章中说，祁县当时是敌占区，环境相当恶劣，开展工作也相当艰难，尤其是往后方运送粮食更是难上加难。为了冲破敌人的封锁，老首长常常穿起大褂，扮成买卖人，带领战士在敌人重金悬赏他的布告下穿梭，甚至在敌人经常出没的地方设立瞭望哨，树标杆，及时掌握敌情，向群众报警，并主动出击敌人。

在安徽省蚌埠市人大离休的谷浪同志几次来信回顾我们的父亲："你们的父亲在祁县那一段是抗战最艰苦的岁月。他经常离开机关到游击区、敌占区，鼓励干部群众，坚定抗战信心。由于相当一部分干部投敌，群众对我们也产生了怀疑，甚至不愿意与我们接触，给工作造成了很大的困难。我曾写了《反对叛徒李友奎等告同胞书》向群众表态，你们的父亲帮助我修改稿子，增删很多，特别是加了一句'浪虽不才必决心抗战到底'。我非常振奋，这才是问题的实质。"他回顾1941年5月13日上午子洪口伏击战时说："你们的父亲在战斗的前沿，亲自指挥，仗虽不算大，但对抗日军民的鼓舞很大。"让他终生不能忘怀的是他在1942年秋天，因火药的燃烧，面部烧伤严重，不仅痛苦难忍，而且思想负担也很重。父亲知道后，立即从四五十里外翻山越岭赶来探望，并带来卫生员为他治疗。后来居然基本上恢复了原貌。他从心底里非常感谢那位卫生员，更感激父亲。如果不是他们，那后果是不堪设想的。

父亲的这些老战友在他重病期间，多次到医院看望他。他逝世后，大家在一起

重温他生前给李捷同志的一首诗，此诗足以表达他对祁县战斗生活的怀念之情：

静如处子动如龙，雅气豪情两相通。
众志成城驱虎豹，风烟赢得满山红。

他们感慨说："当我们捧读刘秀峰同志这首诗时，就像捧着他那燃烧着的赤子之心。"

赤子之心，是对祖国而言，对民族而言，父亲做到了。我们呢？用心来纪念那场伟大的战争，用心来纪念在战争中付出生命的先辈。

（本文选自《文史月刊》，有删节）

母亲的足迹

文/赵沁平　赵夏平

母亲去世已整整四十七年了。当时我俩年龄还小，一个（沁平）十岁、一个（夏平）九岁，对她了解不多，对她的身世也不甚清楚。最近，由于父亲写回忆录，我们系统地阅读了母亲生前的一些材料，包括她写的自传和日记，走访了曾经与母亲并肩战斗过的战友，才对母亲有了比较深的了解，母亲的形象在我们的脑海中逐渐丰满起来。

我们的母亲是一个有坚定信仰、对党无限忠诚、对劳苦大众翻身解放和妇女解放事业不懈追求的有一定文化知识的工农干部。那个时代造就了大量这样的干部，他们为中华人民共和国的建立和发展立下了不朽的功勋。母亲在那个造就英雄的大环境下，追求自由解放，接受社会进步思想，一步一个脚印地在实践中成长，使我们看到一个旧社会的农村女孩子，怎样在中国共产党的领导、教育和培养下，在革命队伍中逐步成长为一位新政权女干部的足迹。

挣脱封建婚姻走上革命道路

1925 年母亲生于平遥县城一个商人家庭，取名雷仙云。外祖父早逝，母亲随其母回到她外祖父家岳壁村。母亲七岁时被送进岳壁村女子小学校。她读书很努力，学习名列前茅，很受老师的喜爱。同学们开始对她另眼相看，有钱的孩子也不敢再歧视、欺负她了。母亲自幼就显示出一种顽强的抗争精神，并且表现出能闯出困境的能力。她十二岁小学毕业，还想继续上学，但兵荒马乱，家境贫寒，没有继续升学读书的条件，就到本村农民补习学校上学。不到一年，七七事变爆发，于是母亲回家务农。

战争改变了中国人民的命运，也给母亲带来了人生的巨大转折。

1938 年 2 月，日军攻陷平遥县城。4 月，中共平遥县工委在距岳壁村东面十公里的彭坡头村建立了平遥县抗日民主政府，并相继成立了平遥县工人救国会、农民

救国会、妇女救国会和青年救国会。在中国共产党领导下，抗日救国运动在全县轰轰烈烈地开展起来。这期间，平遥县工委组织的业余话剧团经常到各村演出，宣传抗日。看了演出后的母亲对日本帝国主义的侵略产生了强烈的仇恨。特别是那些反映东北同胞在日军统治下悲惨生活的宣传，使母亲流下了眼泪。

当时，山西牺牲救国同盟会（简称牺盟会）以农村为阵地，贴标语、发传单、发动群众参加抗日。这些活动都对母亲产生了很大的影响。牺盟会会员们投身民族和妇女解放事业的精神感染和激励着母亲。她第一次看到妇女冲破封建制度的藩篱，走出家庭积极开展各种社会活动，第一次看到妇女竟然像男人一样可以直接参军参战，奋起抗日。那些为了抗日救国而活跃在各项社会工作中的英姿飒爽的女青年，激起母亲参加本县牺盟会的强烈愿望。母亲在 1954 年写的自传中写道："（我）十四岁一心要参加本县牺盟会，当时思想动机一方面是不愿当亡国奴，另一方面也是看见牺盟会的工作人员自由威武，但这个志愿被家中多方拒绝未遂。"

1939 年，母亲还未满十五岁，就由家庭做主，嫁给源寺村一户做小买卖的人家。母亲性格倔强，对此婚姻极为不满，几次试图逃离夫家。终于，于 1941 年 2 月成功挣脱了封建婚姻的桎梏，跑到距岳壁村南约五公里的段村参加了本县妇救会工作，从此开始投身于党和人民的伟大事业。

革命征途中两易其名

母亲参加革命工作后，被任命为平遥四区（段村一带）妇救会常委。她后来在日记中这样写道："这一天我第一次直接参加了对日的斗争。我热情好奇地背上了六五式步枪，什么危险都置之度外，投身于反毒化、毁烟苗与捕捉敌伪情报员的星夜战斗。从黄昏行军开始到敌人的碉堡，几十里崎岖不平的道路，进行了彻夜的活动，胜利地完成任务后回到原地，已经拂晓了。我现在清楚地记得，我那时是多么健康，多么天真，多么富于思想，多么勇敢。"母亲还和妇救会的干部们站岗放哨、救护伤员、拥军优属，为军队做衣、做鞋、做子弹袋、造石雷、送情报、抬担架等，动员妇女参与社会各项活动，举办妇女夜校、识字班，提高妇女的文化水平，帮助妇女解决切身问题，禁止买卖婚姻、童养媳和虐待打骂妇女，争取妇女在社会上和家庭中的平等地位。

为了躲避夫家寻找，母亲改名为张鸿。由于根据地与夫家在同一个县，距离不远，他们还是找到了母亲，要她回家，并许诺母亲可以在家不干活，想吃好的穿好的都尽量满足，但母亲断然拒绝，坚决表示不再回去。

1941 年 8 月，母亲到太岳行署干校民运队学习，进一步提高文化水平。她以饱满的学习热情，认真刻苦钻研，勤奋学习，坚持写日记，文化水平提高得很快，多次受到领导的表扬。原本只有三个月的学习，但由于敌人“扫荡”，延迟到第二年1月才结束。结业后，母亲被调到平遥一区即南山区妇救会任常委，开辟根据地。也就是在这里，母亲认识了当时担任平遥抗日民主政府县长的父亲赵力之。母亲对工作能力强、对敌斗争顽强勇敢的父亲非常钦佩，与此同时，父亲对母亲果敢的性格和干练热情的工作作风也有好感，在共同的事业和斗争中，他们的感情日益深厚。

1942年4月母亲到太岳区青年补习学校学习。学习结束后被调到沁源三区青年抗日救国会任常委。父亲在平遥工作，母亲在沁源，两人的书信来往就靠秘密交通员在传递情报和文件时捎带。1943年，经过自由恋爱、感情真挚并冲破封建家庭包办婚姻的两个年轻人在平遥县麦茭沟村结婚了。当时真正自由恋爱的人还很少，他们向党组织提出结婚申请时，党内还有不同意见，认为男方是有妇之夫，女方是有夫之妇，二人不宜结合。但平遥的上级机关——太岳三地委的宣传部部长祁果同志坚决支持并批准了这桩婚事。当时抗日政府也办理结婚、离婚手续，作为党员的婚姻须经党组织批准。

婚礼一结束，母亲又回到沁源三区青救会，从此改名为肖云。

在青救会里，母亲组织动员青年送情报、抬担架，开展抗日宣传及游击战争，并鼓励青年参军参战，支援抗日前线。当时的宣传口号是“好男要当兵，好铁要打钉”，还流行这样一首歌：“父母送儿打东洋，妻子送郎上战场，打败日本狗强盗，安安定定过时光。”

一年后，母亲又被调任该区联合校长。联合校长是一个行政职务，实际上并没有联合学校这个机构，是民主政府向五六所小学委派的一名行政干部，类似于现在的乡政府教育干事。作为联合校长，母亲一方面要负责组织各小学老师、校长开会学习政治，提高业务水平，围绕对敌斗争布置工作，另一方面还要负责小学所在地的其他工作，如土改、减租减息、征兵支前，以及在围困沁源城的两年半里负责救济难民等。就在母亲任联合校长期间的1944年夏天，由区党委书记任仲元和副书记郭文介绍，母亲加入了中国共产党，同年12月转正。

日军投降前后，母亲在平遥县抗日民主政府任区农救会副主席、联合会主席，协助抗日民主政府组织农民开展减租减息斗争，组织生产互助，优待抗战军人家属，发动青年参军参战，支援前线，团结一切抗日力量，保卫和建设抗日根据地。直到1946年夏，父亲被调任太岳区岳北专署公安局局长时，母亲随调至太岳公安一分局二科任内勤科员。

1948年4月，身怀六甲的母亲随已被任命为平遥县委书记的父亲到平遥县上任。一路颠簸，还没赶到县委机关所在地东泉村，就在半路的一个小村庄里生下了一个男孩。由于孩子是出生在沁源到平遥的路上，故起名沁平。分娩不久的母亲没顾上休息，就到平遥县联合会报了到。联合会的前身是各抗日救国会，抗战胜利后各抗日救国会合并组成平遥县联合会，母亲任常委，组织农民群众开展反奸清算，没收地主土地、财产，分给贫雇农。

1948年7月13日，在中国人民解放军华北野战军的猛烈进攻下，阎锡山驻守平遥的军政人员弃城逃跑。第二天，中共平遥县委派公安人员和民兵进驻平遥城，平遥全境获得解放。六天后，县委、县民主政府迁进城内办公，母亲随即进城，先后任中共平遥县妇委会副书记、平遥城关区委书记。她热情关心广大工农妇女，特别是针对生活在最底层的农村妇女的土地、婚姻、教育和健康问题，召开妇女座谈会，详细了解农村妇女的土地、婚姻和家庭生活情况，并于1949年2月组织召开了历时五天的平遥县第一届妇女代表大会，号召妇女以主人翁姿态迎接中华人民共和国的成立。

（本文选自《党史文汇》）

追寻英魂
——忆我的母亲李只双烈士

文/木　易　白小玲

在中共山西省介休市委、市政府的高度重视和鼎力支持下，“介休抗日民主政府纪念馆”已在绵山景区建成开馆，母亲李只双的雕像也在馆中落成。2012 年 6 月 12 日，年已八十五岁的我又与母亲的雕像紧紧相拥在一起，我不禁失声痛哭，母亲的雕像又勾起我对母亲无尽的思念与回忆。

母亲带我走上革命路

我的母亲李只双，原名李宝林（1908 年—1940 年），高小文化程度，当过小学教员。婚后深受父亲进步思想影响，于 1938 年参加革命，受党委指派做敌工情报网工作。父亲的早逝给母亲留下了六十五岁患病的祖母、一个还在吃奶的弟弟及八岁的我。处理完父亲的后事，母亲便把我送到县城姥姥家，在附近的介休第一高小上初一。不到一年，日军飞机轰炸介休城，母亲只好接我回村。1938 年 2 月，日军侵占介休城后，村里办起奴化教育学校。母亲含着泪对我讲：“我非常想送你上学，但我们不能上奴化教育的学校，等以后有机会，就送你到抗日根据地的学校读书。”

日军占领介休县城和铁路沿线后，中共介休县委、县民主政府在绵山建立了抗日根据地，与日军展开殊死的游击战争。母亲以小商贩身份频繁进出介休城，为共产党做地下联络和传递情报的工作。我当时只有十多岁，母亲总是带我一起做地下工作，把我培养成她工作中不可或缺的助手。例如，把信件字条缝入我的衣服，出入县城传递情报；他们开会商讨问题，让我在街门口站岗放哨，传递信息当小联络员。母亲还让我帮她卖纸烟、茶叶、牙膏等小百货商品。来往我家的叔伯姨婶们谈论革命形势时，母亲尽量让我旁听；有时还让他们给我讲革命道理。任民斋伯伯曾给我讲过抗日斗争的三个阶段：第一“敌进我退”、第二“相持阶段”、第三“反攻

阶段”。辛克阿姨曾教我唱“不做亡国奴”的抗日歌曲。母亲在我幼小的心灵里早早就埋下了革命的火种。

1940 年初，组织上决定让母亲转移到抗大，母亲也准备顺便把我送到后山根据地去念书，并把上学的照片也准备好了。母亲还为我准备好衣服、鞋袜，又把弟弟寄养在她娘家石河上的邻居家。但遗憾的是，就在组织上的转移通知到达的前一天，母亲被日军抓走，不久便为国捐躯了。

日本投降后，国民党十九军又抢占了介休城，直到 1945 年底，我在介休洪山找到了民主政府的赵定远县长。他热情接待了我，还给我家拨了粮食。1946 年农历二月，我接到通知，让我随我村抬担架的民工上洪山根据地。我终于如愿以偿，上了后崖头介休第一民高学校。

由于我的工作能力强，上学第二个月就被同学选为学生会的卫生委员。随后又当起了学生伙食委员会主任、排戏组负责人。在民高上学的第二年，我就被选为学生会主席，并在韩明山校长的培养下，成为一名光荣的中国共产党党员。包括我在内，当时我校共有三名党员。这些成绩都与母亲早年对我的教育、培养、锻炼分不开，当时我也才真切体会到母亲的良苦用心。

母亲献身革命的短暂人生

母亲的娘家在介休县城东。母亲从出生、上学到教书工作均在县城，对城里的地形及整个的布局都相当熟悉。1927 年，在老师的介绍下，母亲认识了在张良村高级小学担任校长的父亲杨绍祖，两人志同道合结为伉俪。父亲曾在张良、三佳、县城三所学校当过校长。许多老师和学生均被父亲的爱国进步思想、严谨的教学态度及人品所折服，他们也同样认识并敬重我的母亲。母亲的婆家在下曹麻村，距县城十五里路。母亲频繁进出县城，往返于娘家、婆家是再自然不过的事情了。这为母亲后来做地下联络员的工作提供了便利条件。

我家在下曹麻村有三串院子，临街一串院子典给了别人居住，母亲则和我祖母住在较深的后院，偏院住有邻居。偏院的西北角有一个十多平方米的暗平台，北墙上方留有一砖见方的小孔，站在凳子上可以从小孔看到一里之外的三佳村的大门楼，而外面却看不到里面。日军侵占介休后，在距我村一里外的三佳村修有碉堡并筑有工事，而在偏院暗平台里可以看到三佳村的日军装甲车进出的动静。这个暗平台让村里不少人家的大姑娘、小媳妇躲藏起来免遭日本兵的奸淫，也让不少地下抗日人员藏进去而化险为夷。郭云鹤阿姨就在这里藏过。

1936 年，父亲患病两年后，母亲在家做起了小买卖。门道间神主桌子下放着一小坛酒和一小坛醋；椅子上放着一个大包袱，里面包着毛巾、袜子、肥皂、针线等日用百货品；纸烟在柜顶上；西房放着一瓮盐和一瓮碱面。这些都便于母亲日后往抗日根据地运送日用紧缺物资。

介休沦陷后，县抗日政府转移到绵山。县城距绵山四十里，距我家下曹麻村十五里，从县城东门上山，中间要路过下曹麻村。母亲把自己的家几乎变成了奔赴抗日前线的停脚点，迎来送往一个个上山投奔共产党的有志人士。他们吃顿饭住一宿，便上山抗日去了。其中有许多是父亲的学生、同事和母亲的同学、朋友。郭云鹤及她的学生陈秀珍（化名陈光）都曾在我家住宿并从我家出发去投奔共产党的。

我家后院较僻静。郭云鹤阿姨的学生宋望飞是县抗日民主政府的工作人员，常在后院发动群众召开妇女会。母亲还把我家变成军鞋的集散地，村里各家的军鞋做好后集中到我家再统一运走。

1939 年，母亲经中共介休区委组织委员赵华亭介绍秘密加入了中国共产党。母亲彻底地从父亲去世的阴影中走了出来，并把原名李宝林改为李只双，意蕴着母亲只身参加革命，却肩负着两个人的责任，肩负着父亲的遗愿！

母亲的直接上线领导是任明斋伯伯，母亲的下线是我村的温青仁（化名温乐山），再下去是魏国杰（小名二泉），另一位姓王（小名云喜子），还有附近村子的三四个人，其中有一女的叫李玉是窑子头的。当时他们多数年龄都不大，我管他们叫哥哥、姐姐。母亲经常给任明斋伯伯汇报工作，接受下一步的指令，还经常与温青仁等哥哥一块商量工作。这个情报联络网的主要任务是：收集传递情报、运送紧缺物资。

为了收集情报，母亲经常到父亲生前任教的学校与进步的爱国教师和学生建立密切的关系，与已经走上各个工作岗位、父亲生前的学生也建立了友谊。母亲向他们宣传抗日救国的道理，灌输共产党必胜的信念。母亲先是组织他们宣传抗日思想、散发传单；后又组织他们利用自身的合法身份，为党搜集情报。

母亲总是千方百计为党收集情报。她进城暗地观察敌人据点中马匹数量和动静，及时了解敌人换防撤防的状况。母亲经过张德含县长同意，利用自己双手起疹子到日军办的医院就诊的时机，就近了解日军的近况和敌情。介休抗日前线的指战员总是能不断得到母亲送去的情报，接连打了几场漂亮的伏击战，打死打伤不少日军。

日军在军事上实行“三光”政策，在经济上对我抗日根据地更是严密封锁。像医药器械、笔墨纸张、食盐、棉布、火柴、生铁、硫黄、硝土等更是严禁私自运输。

母亲想方设法为根据地运送紧缺物资。为不发生意外，她常常托亲戚朋友帮买药品、棉布、食盐等日用小百货，积少成多；还从书店的伯伯那里秘密提取纸张和文具。有一次，书店的伯伯把装有油墨的猪尿泡藏进醋篓中交给她，当醋带出城外；她还将药品藏在面粉中迷惑敌人的检查；将纸张文具藏在别人出殡的车上，混出戒备森严的城门；她还托已打入敌人内部、父亲生前的一名学生为我党工作。这名学生的公开身份是日伪警备队的警察，母亲常常托他把为根据地准备的医疗器械、印刷工具、弹药等违禁用品送出城外。

母亲常带着我们姐弟俩去赶集，背上包袱或挑上担子，在包袱、挑子里藏上文件和信件，趁赶集时秘密转交给有关同志。母亲的信件用矾水写成，肉眼是看不到的，只有用毛笔蘸上水涂抹才能显现。

记得有一次，母亲带着手枪和文件去执行任务，与日军狭路相逢。转移已经来不及了。突然母亲扑倒在路边的一座坟前，把手枪和文件迅速埋入土中，大声地哭起了父亲，敌人转了一圈没看出什么破绽，便扬长而去。母亲随后取出枪支和文件又上路了。

1939 年正月，村里在闹红火，一些地下工作人员正在我家开会，恰逢日军来我村搜查八路军。母亲让温青仁带上男同志乔装混进敲锣打鼓的队伍中闹红火，母亲则带领女同志扮成村妇夹在人群中看热闹。母亲又一次掩护战友躲过了敌人的搜查!

母亲还组织联络网的成员一次次撬毁日军的铁轨，割断日军的电线，秘密处决勾结敌人的汉奸、叛徒。

母亲的被捕与牺牲

1940 年春节，母亲带我进城去给姥姥拜年，还专门为我拍了照片，以备我上学之用。母亲照例将我放到姥姥家，她出去侦察敌情。当她看到敌人的换防情况后，心中便萌发出一个想法：趁城里日军换防之际，组织部分有爱国心的伪军暴动反正，进而缴获日伪武器弹药。回到下曹麻村后，母亲立刻将自己侦察得到的敌情及这一想法一同汇报给任明斋伯伯。在等待上级批准的时候，却发生了意外。

原来，联络站得到确切的消息：下曹麻村村长和另一村民温叔恭以及住在他院里的抗日人员李忠明，与敌人暗中有往来，并已向敌人传递了我方的情报。之后，又传来上曹麻村我方人员边全宣被抓的消息。上级党组织决定让联络站秘密处决这三个叛徒！与此同时，母亲和战友们也准备让联络站被暴露的同志撤退。温青仁将两把手枪藏在了我家的西房顶上第三个瓦筒里；母亲又连夜带我把一大包捆好的文件埋在偏院的菜地里；母亲还把一匹白光布藏到了柜子后面。还把弟弟寄养在春林娘娘家，晚上也睡在了她家。

处决叛徒的当天深夜，温青仁跑进我家告诉母亲：已处决了两个，但李忠明跑了。李忠明曾经与现任伪警察局长张孝先是拜把子兄弟。果然，第二天传来李忠明公开投敌叛变的消息。

1940 年农历三月十二，一整晚沙尘暴刮得昏天黑地，日军一大早就包围了下曹麻村。母亲从春林娘娘家回来正准备做饭，这时进来两位叔叔，他们和母亲在里屋谈了一会儿话就往外走，母亲远远看见他们被日军和伪军叫住盘查。母亲赶紧跑回来，进门就从箱子里拿出一把麻放在明处，又把两封密信藏在火炕炉灰里。母亲叫我等安全以后把藏在房顶上瓦筒里的两支枪、埋在土院里的文件、炉灰中的两封密信，还有一匹藏在柜子后面的白光布都交给任伯伯。母亲刚坐在床边，敌人就进来了。敌人问母亲：“你刚送出去的是谁？”母亲指着麻说：“是卖麻的，这不是刚买的麻吗！”敌人又向母亲要那两支枪，母亲说：“没有！”敌人又问我，我也说不知道。敌人仔细搜查，什么也没有搜到，把母亲绑在马车上带走了。事后才知道，敌人在村西小桥上先抓住温青仁，在村中街上抓住那两位叔叔，后来在村东门外抓了母亲的入党介绍人赵华亭（化名赵德华），最后又在村外不远处抓了任伯伯的外甥，他是一个小通信员。十六天后，这六位同志和更早被抓的边全宣一同被敌人杀害。

几年后，我碰到了与母亲一起工作过的二泉哥，他告诉我：母亲被抓的第二天，村里收到了组织上决定让我村联络站的四个成员——我母亲、温青仁、二泉、云喜子转移到抗大的通知。

母亲被捕后先关在日伪警察所，没几天又被押送到日本宪兵队。日本宪兵队队长藤田等人亲自审问母亲，他们往母亲嘴里灌肥皂水、辣椒水，压杠子、抽马鞭，甚至放狼犬咬……严刑拷打十六天之久！母亲始终没有承认自己是共产党的联络员，更不承认知道那两支枪的下落。她以共产党人刚强的意志战胜了敌人的酷刑，经受住了种种考验。她被捕前常对同事们讲：“如果被敌人抓住，宁可牺牲自己，也绝不能出卖组织和同志！”母亲和一起被捕的五位同志个个铮铮铁骨、坚贞不屈！他们用自己的鲜血和生命保护了同志、保全了组织。丧心病狂的敌人决定将母亲等人押赴刑场，刽子手向他们挥起了大刀！

母亲牺牲后，暴尸荒野，敌人不准亲属收尸，任凭野狗撕咬。当四舅等亲属用钱找人偷回尸体时，只剩下被刀砍下的头颅、一条腿和一只鞋。

母亲牺牲后，留下两支手枪、一包文件和两封信件，还留下准备送往抗日前线

的一小瓮食盐、一匹白光布和一些医药用品。任伯伯来把药品、手枪和文件拿走时，把那匹白光布留给了我们。祖母用这匹白光布给我们姐弟俩做了孝衣，这是母亲生前搞这匹白光布时万万没有想到的。

党和人民高度评价母亲短暂的一生。中央人民政府民政部追认母亲李只双为革命烈士。母亲永远活在广大人民的心中！

（本文选自《党史文汇》）

回忆父亲李金德

文/李　延　刘　歌

我们的父亲李金德和母亲李玉明曾经长时间在中共中央南方局工作。父亲是周恩来副主席的机要秘书，对外的身份是周恩来副主席的副官。母亲是周恩来副主席的译电员。每当父母亲向我们回忆起在南方局的战斗和生活时，都非常激动和感慨。现回溯父亲在革命战争年代几个重要时期的片段，以表追忆。

李金德与夫人李玉明

革命队伍里长大的“红小鬼”

父亲李金德，原名李道兴，1920 年 7 月 20 日出生于湖北红安华家河镇李家洼村一个贫苦农民家庭。红安苏维埃政府建立后，1930 年春，青年人参加红军形成热潮，群众都组织起来，成立了赤卫队、自卫军、少先队、共青团、妇女会等组织。父亲出身贫苦，向往革命，他先在儿童团负些责任，主要任务是放哨、站岗、查路

条、送信等，又急切地要求参加红军。只有十岁的父亲谎称自己已经十二岁了，但还是由于年龄太小一连三次报名都没被批准。后来，枫树坳的农会主席找到他说："你不是想参加红军吗？现在县总工会要一个勤务员，你愿意不愿意去？"父亲回答说："只要让我当红军，干什么我都愿意。"因为在工作中表现突出，县委书记徐宝珊调父亲到身边担任警卫员，再以后徐宝珊同志担任了中共鄂豫皖省委组织部部长，父亲也随着一起到了省委。

1932 年 11 月，徐宝珊同志带着父亲参加了重建后的红二十五军，父亲仍担任警卫员，参加了郭家河、潘家河、杨泗寨等战斗，在第五次反"围剿"战斗中坚持下来。1934 年 11 月，红二十五军决定要战略转移，父亲特别请假回了一趟老家，把村里老人为他操办的一门娃娃亲退掉了。他怕自己万一牺牲了，会影响姑娘的一生。

不久，红二十五军便由河南罗山县何家冲出发向西挺进，开始长征。父亲被调到军部交通大队，先后担任班长、排长。交通大队是红二十五军非常有特色的一支部队，平时是军部首长身边的警卫部队，打起仗来，既负责传达命令、通信联络，又是一支突击队，在危急时刻冲锋陷阵。

一天，红二十五军正在开会，突然被前来偷袭的敌军包围，全军除重病在身的徐宝珊同志外，男女老幼都拿起了枪与敌人血战。关键时刻，军政委吴焕先把大刀一摆，率领军部交通队杀向敌阵。父亲紧跟在吴政委身后拼死冲杀。庚家河一役，徐海东、程子华同志均负重伤，徐宝珊同志也不幸病故。父亲在战斗中腿部负伤，不得已，部队把他安置在老乡家中养伤。

父亲伤好以后，和当地的地下党、红军伤病员一起参加了华阳游击队，他担任分队长。游击队打了很多胜仗，人员也发展到一百多人。有一次，他们在城固通往汉中的山路上伏击敌人一支运输队，截获敌人三十多担军用物资，影响很大，老百姓传说红二十五军在华阳留下一个"特务营"，厉害得很！威震一时的华阳游击队成了敌人的"心腹大患"，调来重兵"围剿"。游击队被打散，仅存二十多人冲出重围。父亲打听到主力红军在厚轸子、黄柏原、二郎镇等地活动，连续急行军五天五夜，终于见到了徐海东老军长。徐海东军长称赞他了不起，传命嘉奖，并任命他担任交通大队队长。

1935 年 7 月，父亲随部队继续北上，出秦岭、过渭河、翻越六盘山，驰骋陇南陇东，威胁敌人西北后方的兰州，打乱了西北敌人围追堵截中央红军的战略部署。8 月，在掩护大部队渡河的战斗中，吴焕先政委身先士卒，率部坚守河岸，不幸中弹牺牲。他牺牲时，父亲就在身边。吴政委文武双全，打仗勇敢，是红二十五军的军魂。他生前非常喜欢父亲，经常给父亲讲三国、水浒的英雄故事，还帮父亲学文化。他经常夸父亲脑子好，虽没有文化，但传达口头命令经常是一字不差。吴焕先同志的牺牲，父亲尤感悲痛。多少年以后，提起老政委，父亲仍忍不住伤心落泪。

1935 年 9 月中旬，红二十五军前进至陕北延川永坪镇，同陕北红军胜利会师，会师后成立了红十五军团，徐海东同志再次把父亲调到身边当参谋。有一次，徐海东对父亲说："我们到了陕北，不再孤军奋战了。但是，这么多年我们远离中央，毛泽东、周恩来，我久闻大名，可无缘相见，我什么时候才能见到他们呢？"父亲想，老军长想要见到的人，肯定是了不起的人物。

1935 年 11 月，中央红军和红十五军团胜利会师，红二十五军编入红一方面军。12 月初，在陕北洛川夏寺湾，徐海东军团长命令父亲率通信班给毛泽东、周恩来送信。父亲终于见到了仰慕已久的英雄毛泽东、周恩来。

父亲当时虽然不到十六岁，但身材高大、身体健硕，给周恩来留下很深的印象。因此，他见到徐海东同志就问起父亲的情况。徐海东说："李金德是个孤儿，是在红军队伍中长大的孩子，您就把他调到您身边工作吧。"有了徐海东同志的推荐，父亲从此就被调到周总理身边工作，几十年如一日。

跟随周副主席工作的日子

1936 年 12 月，西安事变爆发后，党中央、毛主席派周恩来、博古（秦邦宪）、叶剑英为代表去西安，做和平解决西安事变的工作。父亲跟随周副主席前往。在周副主席等人的奔走和领导下，父亲同其他译电员作为随员，共同译出了大量的电文，特别是在与国民党谈判过程中向中共中央发的三份电报：1936 年 12 月 23 日签发的《与宋子文谈判情况》；25 日签发的《与宋子文、宋美龄谈判结果》；29 日签发的《关于西安事变和平解决后的局势和我们的方针》。这三份电报比较集中地反映了中国共产党和平解决西安事变的正确方针及与国民党谈判的主要经过。

1937 年 8 月初，周副主席派父亲随彭雪枫同志打前站到山西太原工作，对外的名义是八路军联络副官，军衔是上尉。不久，周副主席也来到太原，成立了公开的八路军驻太原办事处。办事处在太原的成城中学办公，周副主席同办事处的同志都住在成城中学。办事处机要组的同志也多了起来，由父亲任组长。

机要组工作十分繁忙，来往电报也很多，有关与阎锡山会谈的情况、前方作战的情况以及收集的敌情、社情都要及时上报中央和八路军总部；收到上级的指示和其他电报也要及时送给领导同志。一次，八路军一二九师发给太原办事处一封关于

一二九师掩护孙连仲退却的作战部署的紧急电报，内容很重要（事后才知），周副主席让父亲赶快译出来。但这种密码已作废不用，码本也已烧掉了。父亲拿着电报反复琢磨，加上他平时注意学习，工作认真，密码记得熟，所以很快准确无误地译出了电报全文，得到了周副主席的赞许。

由于太原抗战形势紧张起来，太原八路军办事处不得不撤离。父亲身上带着密码、秘密文件、北方局的党员名册和活动经费，同办事处的同志一起，在周副主席、彭雪枫的带领下，机智安全地由太原撤到临汾。

1938 年春，父亲来到武汉，周副主席以八路军总司令部的名义送父亲到国民党办的译电训练班学习。周副主席对父亲这次去学习非常关心，临去前，嘱咐他要好好学习，要注意保守党的秘密。由于父亲勤奋刻苦，很快掌握了译电的基本技能。但为了麻痹国民党教官，他在考试时故意考得不好，以表示没完全掌握译电技术。学习结束回来后，他向周副主席汇报了学习情况，周副主席很高兴。

不久，随着抗战军事形势剧变，父亲跟随周副主席先后在长沙、湘潭、衡阳、桂林等地工作，兼任机要科负责人。

八路军桂林办事处，是中国共产党在国民党统治区设立的公开办事机构，在党内则是中共中央南方局的一个派出机关，指导广西地方党组织和负责与华南数省及香港、海外中共地下组织的联系。办事处一方面积极做统战工作，广交朋友，采取各种形式宣传我党的方针政策；另一方面建立电台通信，培训电台干部和技术人员，输送了大批干部、爱国青年、进步人士和大量的军用物资到延安和新四军抗日前线。

由于父亲对机要工作有着丰富的经验，因此到桂林办事处后，他很快适应了环境，并投身到艰苦而紧张的革命活动中。机要科总是准确、迅速地将工作进展情况、社会动态、各界人士的反应译成电文向南方局、党中央汇报，并抄收南方局、党中央的电报指示。他们除在办事处内设有一部公开电台外，在城外还设立了一部秘密电台，遇有紧急情况才使用。他们还长年在机要室内备有火柴盒，以便紧急情况下销毁密码和电文，确保党的机要通信工作的畅通和安全。

1941 年 1 月，震惊中外的皖南事变爆发，桂林的政治局势也急趋恶化。办事处的同志都做好了坐牢甚至牺牲的准备。为了防止敌人突然袭击，减少损失，办事处有计划地精减、隐蔽，并疏散人员。在组织的安排下，父亲带着密码和重要文件，到广西大学附近的熊子民先生家里避过一段时间，后又在漓江东边黄琪翔公馆——泗合别墅住过，由于他们的支持和帮助，密码和重要文件没有受到任何损坏。

1月下旬，父亲以八路军驻桂林办事处少校交通运输科科长的身份，带领办事处二十多人分乘一辆大卡车和一辆小汽车撤离桂林去重庆。临行前，他们还亲自刻印了揭露皖南事变真相和我党声明的传单，沿途散发，鼓励国统区的人民群众起来同国民党进行斗争。

从桂林到重庆的途中，国民党在大小城镇都设上了重重关卡，百般盘查刁难。每盘查一次，父亲一行就要耽误半天行程。尽管起早摸黑，一天也行不了多远。到贵阳时，发现八路军贵阳交通站已被查封，他们连夜离开贵阳，行驶一百多公里，才到了一个小县城休息。尽管如此，大家都怀着对党、对革命事业的赤胆忠心，团结一致，加之有合法的手续和过硬的通行证，终于胜利通过关卡，于2月上旬安全抵达重庆办事处。父亲仍在机要科工作，担任副科长。

在八路军重庆办事处工作期间，父亲曾几次回延安。1941年夏他到延安后，在周副主席的安排下进入延安马列学院学习，后兼任中央机要科科长。1943年，父亲又随周副主席回到延安，参加筹备党的第七次代表大会工作，并于年底参加了中共重庆代表团工作，兼任代表团秘书处副处长、机要科科长兼代表团支部书记。

回重庆后，父亲按照周副主席的指示和要求，迅速将原有的和从延安带来的机要、电台人员组织好，建立专台，同延安电台保持二十四小时的联系，并保证密码安全。机要科人员还同美军交涉，借用到一台四百瓦的大功率电台。长期封闭我们电台的国民党当局无话可讲，也不敢来检查了，但其电讯监察部门并不甘心，通过侦听抄下我方的电码，请美国专家破译。由于我方严格遵照周副主席的密码保密方法，核心密码没有被他们破译出来。与此同时，对国民党军政部的电台仍保持联系，将不重要的电报交他们收发，以假乱真。而重要绝密电报仍用办事处密台收发。

为了机要通信工作的保密和安全，父亲和所有机关人员都有明确分工，遇有紧急情况，各负其责，各守岗位。机要和电台室平时就备有火盒、火炉和盐酸，遇有紧急情况时，可迅速销毁密码。

在南方局期间，父亲一直是周副主席的机要秘书，对外称副官。中华人民共和国成立后一直到1959年，他一直在周总理身边工作。母亲是周副主席的译电员，中华人民共和国成立后在国务院信访局工作，经常能见到周总理，总理总是说："小米脂还是那么漂亮。"因为母亲是陕北米脂县人。

护卫董必武为中原战场送粮

父亲是湖北红安人，和董必武、李先念是老乡。20世纪80年代中期，时任国家主席的李先念同志故地重游，回到他在湖北红安县的老家。在黄麻起义纪念馆里，他望着董必武同志的照片，深情地回忆说："董老可是湖北党组织的老祖宗啊！中原突围时，还是董老给我们搞来了粮食。"董老给李先念送粮食，父亲也参加了。

1946 年初，由抗日战争相持阶段转入反攻的新四军五师部队，以及王震同志率领的三五九旅南下支队、王树声同志率领的豫西支队组成的中原军区，被国民党视为眼中钉，欲除之而后快。我主力部队加上地方县大队，一共有六万多人。而国民党则调集三十万重兵，将我中原军区层层包围。

国民党部队不断蚕食、围困，将我中原军民压缩在以宣化店为中心，方圆不足一百公里、人口四十多万的狭长地区。这里是贫瘠山区，在一般年份都要闹粮荒。在蒋介石的严密封锁下，战士们由一日三餐减到两餐，最后每天只能吃一顿稀饭和一顿野菜。

3 月，李先念、郑位三同志派任质斌回延安汇报工作，毛主席十分关切中原部队的突围准备。任质斌说，只要有粮食，部队一定能突围出去。为此，毛主席电示周恩来设法帮助中原军区解决粮食困难。李先念还专门派郑少文到重庆，向周恩来汇报情况。周恩来专门召开了南方局的会议，讨论如何解决粮食问题。

这时，董必武刚参加完联合国大会，风尘仆仆回到国内。周恩来对他说："董老，这一次你又不能休息了，中原部队缺粮，你看怎么办好？"董必武回答说："我亲自跑一趟，一定帮他们解决粮食问题。"周恩来非常高兴："有董老亲自出马，粮食问题一定能解决。""不过我有一个条件，我要借'子龙'。"董必武补充道，"我要借我的小老乡李金德陪我走一趟湖北。"周副主席说："我同意，愿你们马到成功。"

原来，早在 1938 年，董老奉命到武汉筹建八路军武汉办事处，当时缺译电员，董老看父亲年轻能干，就和周恩来商量，暂时借来父亲到自己身边工作。父亲工作很认真，圆满地完成了译电工作，给董老留下了深刻的印象。所以，这次回老家湖北执行筹粮的艰巨工作，董老想到让李金德这个小老乡给自己当帮手。

董老认识到这一次宣化店之行，明里是去慰问中原军民，暗里是要解决中原军队急需的粮食、药品和伤员安置等棘手问题。董老带领父亲从南京出发，一行人轻车简从，悄然到达武汉，住在汉口德明饭店。董老立刻让父亲以中国解放区救济总会主任董必武的名义拜会湖北省救济总署署长杨显东先生。

杨显东是学业有成的农业专家，又是湖北省有名的社会贤达、慈善家。他早年也曾是董老的学生，对董老的为人极为钦佩。1937 年他再次在武汉遇到董老时，真诚表示愿意为中共抗日工作尽微薄的力量。董老对杨显东的爱国之心大为赞赏，鼓励他广交朋友，扩大影响，在关键时刻为国效力。现在，董老想起了杨显东。

顺利会面后，董老直接提出解决粮食问题。杨显东表示，国民党特务机关在蒋介石的授意下，盘查很紧，一粒粮食都不允许流入中原解放区，违者格杀勿论。很多粮商碍于特务的淫威，不敢和我军做生意。但他有一挚友，时任湖北粮食厅厅长，可以再想办法。董老一方面和国民党官员交涉，一方面多次联络其他爱国民主人士，请他们多方协助。

经过多方撮合，居然在蒋介石的眼皮底下达成了这样一桩买卖：首先由湖北粮食厅出面，将湖北的余粮明里卖给华北的傅作义集团，实际上暗度陈仓，用调包计暗里走小路把粮食交给中原我军部队。当时华北产粮区都在我军控制之下，所以傅作义集团缺粮，为了战略需要，我们在华北把粮食给傅作义，得到的钱款转给湖北方。湖北方拿到钱，卖出了粮食，也是一个赚钱的买卖，粮商也皆大欢喜。这桩买卖的关键就在于要严格保密，一点风声都不能泄露。

董老在武汉安排好一切以后，乘坐粮食厅厅长借给使用的卡车，大张旗鼓进入中原解放区，还在宣化店召开了万人大会，麻痹敌人。白天董老到处开会、讲话。晚上，关起门来，董老和李先念、郑位三、王震、王树声等同志秘密商量，安排运粮细节，还有其他突围准备，如伤病员的疏散、非战斗人员的转移等，每天工作到深夜。父亲后来回忆说，董老有一次十分疲劳，竟连鞋子都来不及脱，就倒在床上睡着了。

董老忙碌了近一周后，一切细节都商量妥当了，4 月 7 日他才返回武汉。到达汉口国民党检查站时，国民党特务对董老一行无理盘查，百般刁难，阻拦和非法检查达六小时之久，所带地图、报纸、照相机都被扣留，董老愤怒抗议，国民党特务没有抓到任何把柄，只能放行。董老一行人安全返回重庆。

5 月 8 日，周副主席与美国军调代表白鲁德和国民党代表王天鸣到达宣化店，董老安排解决的粮食，已经陆续到达，中原部队已经做好了突围准备。

6 月 26 日，我军开始突围，一举突破国民党三十万大军的围、追、堵、截，胜利完成了战略转移，保存了力量，牵制了国民党的大量兵力，从战略上有力地策应了其他解放区部队的作战，掀开了解放战争的序幕。

（本文选自《红岩春秋》）

我的父亲张文松

文 / 张岱霞

张文松

我的父亲张文松（原名张骁，曾用名李析哲），祖籍河北霸县（今霸州市），1919 年 6 月 29 日出生于北京，1935 年参加革命，1938 年加入中国共产党。参加过抗日战争、解放战争和新中国的建设事业。中华人民共和国成立后曾任教育部党组成员、副部长。2011 年 12 月 12 日因病医治无效于北京逝世。

父亲逝世后，我花了很长时间整理他留下的资料，通过整理资料和查阅史料，将他如何走上革命道路以及平生为党的革命和建设事业所做的工作汇编成文，以纪念父亲 95 周年诞辰，也借此文表达我的思念之情。

抗日烽火中投身革命

九一八事变后，日本帝国主义加紧侵略中国。民族危机日益深重，抗日浪潮风起云涌。当时十六岁的父亲在北平师范大学附属中学读初中，受其姑姑的影响，开始接受革命思想，参加抗日救亡运动。他如饥似渴地阅读进步书刊，参加进步集会，积极进行抗日宣传活动。1935 年春，我父亲经同学苗雨生介绍加入左翼作家联盟（简称左联），在左联担任交通员，从事油印和分送文件、传单等工作。

刘曼生（谷牧）当时是北平左联的主要负责人之一，他交给我父亲一台印刷机，让他负责印发任务，主要印发一些传单和标语，署名中共北平市委。传单印好后分送江西会馆、朝阳大学（1949 年改建为中国政法大学，1950 年并入中国人民大学）、中国大学（孙中山等人为培养民主革命人才而创办。该校于 1913 年 4 月 13 日正式开学，1949 年停办）等处。有时趁夜深人静，我父亲也到街头、胡同去张贴传单和标语。

1935 年，一二·九运动前夕，刘曼生到樱桃斜街我父亲的家里交代任务，并留下一卷传单，让他第二天带到新华门散发。第二天，我父亲趁着参加游行之机散发传单，亲身投入爱国学生的抗日洪流中，深受震撼。

我父亲在从事油印和分送传单等工作的同时，还积极协助失散同志与党组织建立联系。张稼夫（中华人民共和国成立后曾任中国科学院党组书记、副院长）与组织失掉联系后，联络人曾安排我父亲去送信，后来通过我父亲接上了关系。在他的回忆录中写道："有一天，他（张路一）领来一个小青年，这个青年人连童声都还没变。张路一说，他叫张骁，他可以帮忙为我给北方局送信。我心里顾虑重重，可是，除此之外，别无他法。最后，我还是写了个报告，叮咛再三，把报告交给了小张骁……就在张骁把我给北方局的报告拿走后不久，北方局一位姓李的同志托人转告我，说我给北方局的报告收到了。"

1936 年，我父亲在北平参加了中华民族解放先锋队（简称"民先"），在西城分队工作。我父亲当时是中国大学的旁听生，为方便上学，住在西城北沟沿的"大义社"。有一天，担任地下党领导人的姑姑把他叫到天津去，当面交代任务，要他利用"大义社"的房子，掩护刚刚从国民党河北第二监狱刑满出狱的魏先生（彭真）开展工作。我父亲和彭真接头后，以补习生的名义安排他到"大义社"居住。当时距一二·九运动爆发不到一年，如何在国民党统治地区把学生抗日爱国运动进行下去，通过什么方式把群众团结在党的周围，有很多的问题需要解答，很多工作需要像彭真那样有丰富经验的干部来领导。彭真当时担任北方局组织部部长，他不顾恶

劣的斗争环境和病弱的身体，很快开始了紧张的工作。平津地区不少一二·九运动负责人常去找他。我父亲就给他们准备茶水、为他们放哨。彭真经常工作到很晚，有时半夜才回来，到了住处他就按事前约定敲后墙，越墙进院后我父亲再打开房门让他进来。彭真在这里断断续续住到1937年春，然后去了延安参加苏区和白区党的代表会。

战争环境里锻炼成长

抗日战争全面爆发后，我父亲和当时全国很多热血青年一样，冲破重重阻力，毅然奔赴抗日根据地。他和几位同学一起到了冀南抗日根据地，首先在冀南区党委党校学习了两个月，很快被分配了工作。在冀南抗日根据地这几年，他们这些刚出校门的学生，在极其艰苦的环境下，在严酷的对敌斗争中，很快成长起来。

1938年7月，经姚依林同志介绍，我父亲在天津加入了中国共产党。1940年，我父亲与母亲结婚，建立了自己的小家庭。母亲黄甘英是父亲在师大附中的同学，也是一起从北平去冀南的战友。当时我父亲在垂杨县任县委书记，我母亲在威县任妇委书记、宣传部部长。婚后不久母亲也被调到垂杨县。

当时冀南正处于日军的疯狂“扫荡”之中，每年都会有几次“扫荡”。1942年4月29日，侵华日军华北方面军司令冈村宁次亲自指挥三万多日伪军对冀南抗日根据地进行了空前规模的大“扫荡”。当时我父亲在冀南区党委四地委任宣传部部长，而四地委正是日军“扫荡”的两大主要地区之一。“大扫荡”前一两天，恰逢我母亲即将临产，我父亲又要到广宗去视察工作，无法陪伴我母亲。我母亲和通信员老刘，还有组织上派的一位医生等一行人住在清河县黄金庄附近的一个小村子。就在日军“大扫荡”那天，父母的第一个儿子、我的哥哥出生了。当时情况危急，孩子一生下来，母亲来不及多看一眼，没喂一口奶，就立即送给了当地老乡。几个月后，托人打听才知道孩子已经夭折。

抗日战争后期，全国的抗战局势发生了战略性的变化，党的工作开始由农村向大城市发展渗透，中央指示派一些在北平有社会关系的同志回去工作。1943年，中共北方局派遣我父亲回北平工作。

关于我父亲从冀南回北平的经过，当时在冀南军区部队任职的张华廷（中共太原市委原副书记）有过回忆：“1943年秋季，冀南军区政治部向我传达了宋任穷同志的绝密指示，要求设法打通与伪临清县县长白敬明的关系，通过他把李析哲同志送往北平。由于事关重大，此事当然不能通过一般的伪军内线关系去完成，必须选择绝对可靠的自己人担负此项任务。思来想去，决定交给时任伪临清县良二乡大乡长的地下党员江景玉同志去完成。”江景玉同志秘密找到白县长，当面递交了李析哲给他的一封信，白县长阅后并无明确表示。“见他还在犹豫不定，就决定再逼一逼他。随后，我们采取自制李析哲同志密信的方式，由江景玉连续几次密交白县长。最终白县长无可奈何地表示，李析哲可以由他送去北平，但是必须替他保守秘密。接下来的几天里，我们抓紧时间把李析哲同志从四地委接到良二乡，再由江景玉陪他去白县长家，由此顺利转赴北平。”

战斗在第二条战线上

我父亲回北平后，在敌占区从事党的地下工作，积极做好一些上层人士和知识分子的统战工作。日本投降前夕，交通员带来上级的指示，提出加强伪军伪警的工作，准备里应外合，配合我军解放北平。我父亲根据他从各方面了解的情况，向上级写了一个报告。他分析日本投降后，解放北平可能面临三种形势：一是中苏军队共同打入北平；二是中国军队自己解决；三是里应外合。他估计里应外合的可能性不大，因为我们在大城市的工作基础还不够强，而且伪军也多在国民党掌握中。因而估计北平解放还是要依靠解放军大部队的力量，也就是说北平有可能不会很快解放，国民党可能还会占据北平一段时间。形势的发展证实了他的分析。

后来，为了便于就近领导，我父亲的组织关系由北方局转到晋察冀城工部。1945 年 9 月左右，我父亲到城工部部长刘仁处接转组织关系。我父亲向刘仁汇报了从冀南根据地到北平从事地下工作后的情况。刘仁对我父亲说：“你给上级的报告已经转到城工部，写得很好，上级同意你的分析。”刘仁还给我父亲布置了新的任务，并指定他的代号为“武功”。

1945 年日本投降后，国民党统治区广大爱国学生、工人、市民及其他阶层人民，在中国共产党领导下，开展反对美军暴行，反对蒋介石政权内战、独裁、卖国政策的爱国民主运动，被称为第二条战线。我父亲和他的战友们又投身到第二条战线。

1945 年 9 月，北平地下党学生工作委员会（学委）成立，我父亲任学委委员。为了加强党在文化领域的工作，1946 年 6 月，北平地下党文化工作委员会（文委）又建立起来，我父亲又担任了文委书记。文委的工作范围涵盖新闻、出版、文艺等各个方面。工作内容有办报纸、出刊物、开书店、办印刷所等项目，还要进行上层人士的统一战线工作、情报搜集工作以及一部分学生运动的领导工作等。

文委当时联系着一些知名学者、民主党派人士，有吴晗、符定一、张东荪、张奚若等人。1948 年，党中央发表召开新政协会议的五一宣言，动员一些民主人士去

解放区，共商国是。文委受命约请一些民主人士去解放区，我父亲代表地下党去清华园拜访吴晗，交流对于召开新政协会议的看法，动员他去解放区，自此结识了这位著名的历史学家、社会活动家。吴晗积极支持进步青年学生的组织，支持进步刊物的出版。他认为留在北平可以做更多的工作，故直到当年秋天才转道去解放区。中华人民共和国成立后，我父亲与吴晗长期同在北京市工作，成为故交。

1948 年，我父亲因结核病发作、吐血，身体每况愈下，已经无法继续坚持带病工作。10 月，组织上安排我父亲调回解放区，到西柏坡养病，同时向组织汇报北平的工作情况。临行前的学委会议上，学委同事还委托我父亲把北平学委系统下学生党组织情况向华北局汇报。11 月，在西柏坡，彭真同志听取了我父亲对北平情况的汇报，内容包括各个阶级的状况、傅作义的情况、经济情况、教师和学生运动情况、报纸情况、民主人士情况、情报工作情况等。

为北京市的建设发展做贡献

随着解放战争的节节胜利，为适应迅速发展的战争形势，也为接管北平做准备，中共中央决定成立中共北平市委。1948 年 12 月 13 日，中共中央任命彭真为中共北平市委书记，命令市委领导立即率干部由河北省平山县向北平附近前进。14 日，彭真率领接管北平市的一百七十多人从石家庄出发，24 日到达青龙桥。途中彭真致电安子文：“张文松对北平文化界较熟悉，此间需要他，如医生许可时，请即赶来。”接中组部通知后，我父亲立即着手准备。几天后，他带队一行二十多人从城南庄出发，日夜兼程，很快赶到青龙桥。他回忆道：“第二天上午去见彭真同志，他正与一些同志紧张地部署入城的工作。见我去了，有几位同志便征询我的意见，‘入城以后，市委与军管会安置在何处为宜？’我建议可以从铁狮子胡同、东交民巷使馆区、顺承王府等选择，中南海恐需留待中央使用。当即决定由韩钧、王甫等同志进城勘察。他们果然选中了旧德国使馆、旧日本使馆和兵营，从此奠定了市委领导机关所在的位置。”2 月 2 日，彭真同志率领市委机关人员，从青龙桥进驻北平。刚一进城，市委安排赵凡、佘涤清、崔月犁和我父亲等几位同志，担任中共北平市委政治秘书，直接承办彭真等领导同志交办的事项。这些同志都是中华人民共和国成立前北平地下党学委、平委、文委的负责人，对于北平的情况很熟悉。他们在办公室打着地铺，夜以继日地工作。作为市委的直接助手，交给政治秘书的任务往往是繁杂而紧迫的。筹备一个会议要拟定名单，各种会议要列席或记录，起草文件报告要参与讨论修改，临时指定的任务要完成，深夜决定的事项第二天清早要向有关同志转达，更急迫的任务则不分昼夜地执行。大家经常工作到深夜，市委机关彻夜灯火通明，没有哪一个同志为此有过怨言。我父亲经常深情地感慨那时同志间的真诚、融洽，非常怀念战争年代和解放初期那些患难与共的战友。

1949 年 4 月初，市委第二书记李葆华交给我父亲一个任务，让他随同刘少奇到天津视察，及时传达刘少奇对天津工作的指导意见，以便对北平工作起到借鉴作用。我父亲回忆："上火车不久，少奇同志便要我去坐铺车厢见面。我是第一次和少奇同志面对面地谈话。"刘少奇在天津的工作日程安排很紧，一到天津便系统地听取各个方面工作情况的汇报。刘少奇一面听汇报，一面提问、插话，有时也答复同志们的提问。我父亲白天参加汇报会，晚上就整理记录，整理一页，随行的同志抄一页，隔两三日就向北平市委写一个报告，由通信员及时送回北平。在将近一个月的行程中，写了十几份报告。从天津回北平后，市委决定调我父亲到政策研究室任副主任，协助邓拓同志，主持日常工作。这一阶段的工作量很大，工作也很充实。父亲参与了筹备北平市第一、二届各界人民代表会议的工作；与各民主党派、无党派人士、专家学者、社会名流、工商界的代表人物广泛联络，征求意见，广交朋友；陪同苏联专家参观视察、听取意见、共同研究问题，整理上报专家建议；开展了封闭妓院的工作；整理、起草、撰写各类文件、报告，编辑多种内部刊物等。

1950 年 1 月至 1958 年 10 月，我父亲任政策研究室主任。根据中共中央要求各省、市、自治区加强理论队伍建设，倡导创办理论刊物的指示，1958 年 5 月，中共北京市委决定办一个理论刊物。彭真指定我父亲负责刊物的筹备。邓拓从《人民日报》调到北京市委，担任书记处书记分管文化教育工作后，彭真在 10 月初召开了北京市委书记处会议，正式宣布成立以邓拓为首的编辑委员会。经过多次讨论，反复斟酌，最后将刊物定名为《前线》。之后，由彭真口授，我父亲整理，几易其稿，《前线》发刊词《站在革命和建设的最前线》诞生。

1958 年 10 月，我父亲被任命为北京市委教育部部长，1962 年 5 月又担任中共北京市委常委。几年间，他认真贯彻执行"应该使受教育者在德育、智育、体育几方面都得到发展，成为有社会主义觉悟的有文化的劳动者"的教育方针；坚持实事求是、尊重客观规律的党的优良传统；为进一步提高中小学的教育质量而奋斗。他发挥自己长期做思想政治工作的优势，从实际出发创造性地开展工作。他作风朴实，勇于开拓，深入基层，认真总结，参与制定了一系列政策法规，为首都的社会主义革命和建设做出了自己的贡献。

在"文化大革命"中，我父亲遭受了"四人帮"的残酷迫害。被关在秦城监狱，冤狱八年，受尽折磨，身心遭到极大摧残。其间，更遭受了痛失爱女（我的大

妹妹）的残酷打击。但是这些都没有动摇他的信念，没有摧垮他的意志。

1981 年 7 月，平反后的父亲被调到教育部，任党组成员、副部长。他认真贯彻党的十一届三中全会以来的路线方针政策，积极探索中国特色社会主义教育发展道路，为教育战线拨乱反正，为恢复、健全教育工作秩序，为发展社会主义教育事业，殚精竭虑，忘我工作。

1995 年离休后，我父亲仍然坚持阅读文件、调查研究，关心党和国家大事，关注国际风云变幻，关心教育工作，直至去世。

我父亲逝世以后，胡锦涛、温家宝、习近平、李克强等中央领导同志送了花圈。教育部印发的《张文松同志生平》中写道："张文松同志的一生，是忠心耿耿、呕心沥血、任劳任怨为党工作的一生；是生命不息、奋斗不止、兢兢业业为我国社会主义革命、建设和改革事业竭诚奉献的一生；是不为名、不为利、全心全意为人民服务的一生。他把毕生的精力献给了中华民族的独立和中国人民的解放事业，献给了社会主义革命和建设事业，实践了为共产主义奋斗终身的誓言。他对党和革命事业无比忠诚，对祖国和人民无限热爱，永远值得我们学习和怀念。"这是对我父亲一生的高度概括。

（本文选自《百年潮》）

父亲帮助八路军抢运物资的故事

文 / 张连和

我父亲于1939年秋加入中国共产党，时年二十三岁。在抗日战争和解放战争期间，他在村里做地下工作，与敌人作斗争。中华人民共和国成立后，父亲常跟我们说：“十四年抗战，三年打蒋，可真不容易呀，你们一定要记住这段苦难的岁月”！

1945年，日本宣布投降后的秋季，那时我刚满九岁。记得农历八月初的一天晚上，区委书记吕金明找到我父亲（党支部书记宋广田外出，我父亲是支委）说：“后天夜里12时，有一列火车从北平开往天津，车上装的都是日本鬼子的军用物资，让国民党接收，打共产党八路军。你赶快联络一批骨干，组织力量到安定东边，破坏皋营村北那段铁路，卡翻火车。”

我父亲听后，非常高兴，感到又能为党出力了。于是，他连夜去找党员宋德有、佟广启（女）、宋广志、宋德普等人传达指示，分头串联。第二天还没有吃晌午饭就把人员组织好了，他们准备了破路用的刨斧、铁锹、大四齿、老虎钳、铁棍、木棍等工具，单等太阳一下山就出发。但还没等他们出发，吕金明又来了，他告诉我父亲说，破坏铁路的事儿由县大队和区小队负责了，而且不能提前去破路，如果提前把铁路破坏了，被日本的巡道工发现，他们就会组织力量抢修，白费劲，而且还容易暴露目标。所以，必须得等到火车从北平开出来以后，过了黄土坡再开始破路才管用。当时，父亲听后感到很遗憾，说人员都到齐了，大家的斗志正旺盛，要是……吕金明立刻安慰他说：“别着急，有你们干的，这个任务比破路还重要，那就是抢运物资。你们要马上准备手推车、扁担和绳子等工具，到时帮助抢运物资。”父亲他们一听，立即来了精神，于是，大伙儿又把破路用的工具放回家里，把抢运物资的东西准备好。那时候，我们家有一辆很旧的独轮手推车，是推土、推粪、推庄稼用的，没想到这回又派上了新的用场。

晚饭后，我父亲与党员们率领三十多人，带好运输工具，浩浩荡荡地出发了。可是刚过了王庄就刮起了西北风，天上没有月亮，只有星星眨巴着眼睛，似乎在为他们引路，又似乎在为他们助威。运输大队在西北风的呼啸中，在星光的陪伴下，在不知道要抢运什么物资的心情里，快速地向村东北进发。他们从王庄村后走过，在龙头村南东行，穿过佟家务、马各庄、前辛房、西白塔、东白塔几个村，于夜里10时左右到达了预定地点——皋营村村南的一片玉米地中集结待命（这个地方距铁路不足两里）。

突然，他们听到了几声轰响，大伙儿一阵紧张，有的趴在地上，有的把手推车放倒挡住自己的身子，有的把扁担紧紧地握在手里，随时准备与敌人搏斗。又过了一会儿，什么动静也听不见了，大伙儿更加紧张。又过了不到一个钟头的时间，有一种“哐唧，哐唧”的声音由远而近地传来。我父亲小声说：“来火车了，大家做好抢运物资的准备！”大伙儿听后一阵兴奋，都盼望着这一时刻早点儿到来。

就在大伙儿翘首盼望的时候，突然，从西北方向传来枪炮子弹的响声，就像开了锅一样。但只响了十几分钟就停了。我父亲他们很担心，不知道截火车能不能成功。就在大伙儿提心吊胆的时候，吕金明等同志急匆匆地来了，对大伙儿说：“快，帮助运东西去！”

我父亲他们听后，马上抄起家伙向铁路跟前奔去。到铁路旁边儿一看，啊，白花花的一片，都是成包成捆的东西，还有不少日军的钢盔。东西太多，一时运不走。这时，不知道是哪个负责人立刻下令，派战士到附近的村庄动员老百姓来帮助抢运。一会儿，援助的队伍到了，在人群中穿梭着，人来人往，忙得不亦乐乎。等大伙儿把东西抢运完了以后，东方天空已现出了鱼肚白。

这一夜，我和母亲也一宿没有睡觉，生怕我父亲出了闪失。我母亲不住地擦头上的汗，还掉了眼泪儿。因为截火车、抢物资不是闹着玩儿的，弄不好就会把命搭进去，怎么会不担心呢？

天光大亮的时候，我父亲安全地回来了，我和母亲这才一块石头落了地。只见我父亲手里拿着一个日本兵戴的钢盔，向我们一举说：“看，战利品！”说着就把钢盔扣在了我的脑袋上，学着日本兵的话说：“钢盔的干活，辛交辛交的有！”我母亲抹抹泪苦笑着说：“你还有心思闹呢？快把人急死了！”父亲用手抹去母亲的泪水笑着说：“急什么，你看，我这不是好好地回来了。”

这个钢盔，后来我们一直保存着，记得在1956年时，我与弟弟们还用它淘水玩儿呢。

（选自《北京日报》）

辉煌的历史片段
——我的父亲张孟浪抗战故事

文 / 张建华

1996、1997 双年版《文登年鉴》第四百五十四页，刊载了南京军区空军政治部主任林毅同志的文章——《故乡的抗日斗争片段》。其中的第二章节中有这样的描述："……离坤龙邢家村西南面八里的墩后村，八路军在那里设了一个报名处……1938 年夏天，设在墩后村的八路军报名处就成了方圆数十里闻名的地方。天天都有成百的年轻农民小伙子，毅然告别家乡，告别爹娘，从墩后报名后集合成队伍，开往蓬黄掖地区……找于琅当八路军，简直成了不可阻挡的热潮……跑到墩后去的青年人还是成群结队，络绎不绝。"

林毅同志所说的墩后村就是我的故乡，所说的八路军报名处就是我的父亲张孟浪（张述彭）在那儿负责。

父亲 1908 年出生在高村镇墩后村一个贫苦农民家庭里。由于眼疾务农不便，于十五岁时方才入小学读书求学。他生性豪爽，疾恶如仇。由于从小就亲身感受到旧中国反动统治势力对劳动人民的残酷压迫和剥削，加之五四运动的影响，他在文登中学读书时，就向往革命，立志要为国为民奋斗终身。父亲于 1932 年 2 月初（春节前）入党，是中共文登县老四区的高村镇、口子镇、宋村镇一带的第一个共产党员，亦是威海地区最早的几个党员之一。

父亲入党不久形势急剧恶化，大部分党员分散到外地隐蔽。文登第一任党小组组长宋澄和中共胶东地下党领导人孙已太（又名孙季舟，系威海地区第一位中共党员）等先后找到父亲交代工作，安排父亲担任烟台—石岛—文城一线地下党组织的秘密联络站站长，搜集和传递情报及秘密发展组织。1932 年底他发展党员一名。鉴于他对党忠贞不贰及他当时处境的有利条件（当时父亲任教的文中附小只有他一人

任教，便于隐蔽，不易暴露，与文中毗邻，文中党员、进步学生多在他处开展秘密活动），因而，文中附小（西门里小学）是文登早期党组织秘密活动的“基点”。

1932 年 2 月，于云亭同志奉中共山东省委指派，来文登开展党的工作。于来文登的第一天即与父亲等取得了联系，次日晚即在父亲的寝室内召开了全城党员会议。1936 年至 1939 年冬，父亲和地下党员于在水（又名于风成）利用小学教员的公开身份作掩护，在墩后村小学堂及我家设立了我党秘密活动室和联络点。1937 年春，他又发展党员一名，10 月又发展了党员数名，11 月在村中成立了党小组，至 1938 年春，发展党员三十余人。“一一·四”暴动时，父亲冒死收留、保护和营救暴动的领导人；1937 年积极参加“天福山起义”的物资筹备工作；1938 年 2 月与毕庶生、刘力生等组织成立了第四区委会、“锄奸团”和“抗日自卫团”，先后担任第四区委宣传委员、组织委员、区委书记及第四区自卫团总部副团长等职。1938 年至 1939 年冬，父亲与于在水、夏吉增（林乔）、金子江、张志池等人，以村中小学堂为根据地，征集和转送热血青年西上找于琅参加“三军”（山东抗日联军第三军），前来应征抗日的青年络绎不绝，时常日超百人，为“三军”输送了数千名新战士。他还在村中主办《抗日救亡快报》、在群众中散发胶东《大众报》，为宣传革命、促进抗日，起到了积极作用。

天福山起义

1937 年至 1939 年冬，文登县委机关、第四区委会、文登县自卫团分部等设在墩后村。这期间威海的形势恶劣，敌强我弱，我党政机关在威海站不住脚，父亲主动请缨将文、荣、威新兵接转站，文、荣、威盲救会，文、荣、威西通蓬、黄、掖交通联络部文登县总站，胶东《大众报》分销处（父亲负责）等多个革命机构迁到墩后村。县委的许多重要会议就是在我家的炕头上召开的。那段时间，父亲还担任县委组织部部长、县团委书记等职务。由于父亲的影响，墩后村一度成为胶东地区红色革命根据地之一。

由于那段时期墩后村成为文、荣、威一带的革命支柱点，敌人将该村视为主要打击目标之一。当时，国民党特务机构在墩后村的势力也相当大。墩后村的恶霸地主全县第二，他们在家中修建碉堡，招兵买马发展武装，投靠日本打击革命，横行乡里；勾结烟台的日伪特务组织，对我地下党员进行疯狂打击。父亲和其他县委领导在村中敌人的眼皮子底下大力地开展党的工作。

1939 年秋，国民党郑、王、丛、匡四部联合悬赏缉拿父亲及其家眷。父亲被迫长期匿藏于南汤村外祖父家中，在白色恐怖之下仍坚持斗争。他日伏夜出，每晚步行往返七十余里回村中秘密领导、开展党的工作。为此，多次惨遭敌人殴打、灌屎水，有两次险些被金仙桥等人捉去活埋，多亏了村民、党员拼死相救，才免于牺牲。但我方办报用的油印机、收音机被敌人抢走，县委等机关被迫转移。1940 年除夕，敌人带着武器和铁镣到我家搜捕父亲未遂，父亲天寒地冻藏身于荒野，饥寒交迫。

1940 年 2 月，日军入侵胶东，父亲和他的战友们勇敢地夺过了敌人手中的枪，率先成立了县大队，举行了东海第二次武装起义。从此，他驰骋疆场，死而无悔。

著名的军人作家、电影《三进山城》的作者赛时礼同志有过这样的描述："1938 年 1 月，张孟浪在墩后村办《抗日救亡快报》。当时，这份油印小报在文登县影响很好，使群众了解了'三军'在天福山起义的情况。1939 年的旧历正月二十，张孟浪在高村集的十字路口演讲……听演讲的人很多……很多青年询问张，要当'三军'……那天下午孙启勋就把张孟浪叫到了区公所，勒令不准办小报……若要到处演说，就把他抓起来，送到县政府去坐监狱。张孟浪火了，拍着桌子和区长辩论了一个多小时……张孟浪跟孙启勋辩论的事情，文登县各个村自卫团团员都非常佩服张有胆量，敢和（伪）区长顶着干……1940 年春，东海区第二次武装起义时，张孟浪、于孔嘉和初雨亭组建了文登县大队，张任副教导员，初雨亭任副大队长。"

（本文选自文登网）

父亲杀了两个日本兵

口述 / 兰祖根　整理 / 李岳波

那是 1945 年农历六七月间，日军撤退时，我们村来了两个日本兵，打着赤膊，一高一矮，健壮如牛。高的大约一米九，矮的也有一米七几。可能是肚子饿了，他们跑到我大爹细爹屋里，要我大爹去挖茴煮给他们吃。当时茴还没成熟，大的也只有一锄头棍大。没办法，我大爹只好提着马桶，在地里挖了一桶小茴拿回家，我细爹把茴洗净后用炉锅煮熟，然后盛给他们吃。吃饱后，矮个日本兵就出去了，他想找花姑娘消遣。高个日本兵就在我屋里找碴，硬怪我细爹在茴里吐了痰，还抢我家的东西，什么衣啊、鞋啊他都要。

我大爹身体不好，头朝东躺在竹床上休息。竹床很旧，有些年月了，由于汗渍灰尘的浸染，竹片都变成了枣红色。高个日本兵抢了东西后又气势汹汹地跑到竹床边拖我大爹，要他起来找花姑娘。我大爹说没有，他就左一巴掌右一巴掌地扇打，打完后又叫我大爹起来，腾竹床让他睡。

我父亲叫兰海涛，年轻气盛，目睹这一切，顿时怒从心头起，恶向胆边生。为了出口恶气，他偷偷在杂房把铡猪草的铡刀磨得锋利，大有“磨刀霍霍向猪羊”的味道。眼前的欺侮加上八年日军对村庄百姓的欺凌，让我父亲有点控制不住自己，他硬要拿刀剐了这两个畜生不如的家伙。我细爹胆小，怕惹火烧身，要我父亲不要杀他们。我父亲不听劝阻，喊来胆大不怕事的兰正秋，还有兰春全。兰春全胆子小，说是要杀日本兵，吓得手脚直打哆嗦，像弹棉花一样。但既然来了，又不能跑。他们三人一合计，认为三个人对付一个日本兵应该绰绰有余，何况他还没有带枪。

商量好后，他们就动手把日本兵从堂屋里拖了出来，在地坪用拳头往死揍。牛高马大的日本兵也不是好惹的角色，他手握双拳使劲往前推，嘴里还发出“嘻嘻嘻”鄙夷的笑声。终因日本兵过高，打不到头部，加上心里紧张害怕，拳头就像打在棉花上一样，没有多大力气。日本兵边打边往后退，当退到一水沟附近时，我父亲顺势将他推到了水沟里，用锄头对着头部就是一下，似乎把他打蒙了一点。日本兵从沟内跳到田里，然后就想往前面山上逃。我父亲三人也跨过沟渠，把日本兵摁在田中，拳头就像落雨一样，一顿乱捶，还把他口里镶的两颗金牙敲掉了，这才长吁了口气，也解了心头大恨。最后三人手忙脚乱，把日本兵抬过道路，在岭上一个叫庙坡里的地方埋了起来。

一切妥当后，打闹的矮个子日本兵回来了，脖子上还挂了个箩筛大小不知从哪抢来的斗篷。有的村民害怕，出了这么大的事，倘若让这个日本兵跑了，整个屋场都得死。为了保驾，早就通知付家垸区公所派人来了，还带了两支长枪。矮个子日本兵肩宽背阔，力大如牛，我父亲他们三人都没能把他拖住，他撒腿就跑。我家门前转弯处有一棵小樟树，八尺来高，他一个箭步就从上面跃过去了，逃到了路上。区公所的人员见他逃跑，瞄准就是一枪，打在右肩膀上。但他还是没有停下来，继续逃跑。我父亲他们拼命追赶，赶过了山岭。兰正秋比我父亲跑得快，几脚就追上了，把他摁在山坡上。这日本兵背宽肉厚，加上我父亲三人受了气，拳头打下去都没劲了，打了一阵还没有打死。后来其他的人都赶过来了，又是一顿拳打脚踢，终于把他送上了西天。矮个子日本兵打死后也被埋在庙坡里。后来日军投降回去后，这两个日本兵最终落了个抛尸露骨的下场。

日军少了两个兵，肯定会前来寻找。为了防止被他们发现蛛丝马迹，我父亲三人急忙把田里带血的泥土挖掉，埋到其他地方，再担来新泥填上。又在日本兵的坟上铺上草皮，然后栽上枞树，怕狗嗅出气味。大爹说他要把日本兵尸体挖出来碎尸万段，以示复仇。村民惊恐万状，都下跪要他不要这样做，这事也就不了了之了。

果然，第二天就来了三十五六个日军，骑着高头大马，扛着枪，带了手榴弹，还牵有狼狗。手榴弹的盖已拧开，拉弦线都露出来了。我只有四五岁，不晓得怕，我娘带我在家里，大人都跑了。日军的机枪对着兰家屋场架着，然后牵着狗到处嗅血腥味。一旦尸首找到，屋场的人都会没命。日军牵着狼狗在屋场的前前后后反复找了几遍，也没发现什么，只能无功而返。兰家屋场总算躲过了一劫。

（本文选自红网论坛，有删节）

“沂蒙母亲”创办战时托儿所

文 / 王贞勤

在山东沂蒙山革命老区的腹地，坐落着一个三面环水一面连山的村子——沂南县马牧池乡东辛庄。抗日战争初期，这里一度成为山东抗战的指挥中心和抗日“堡垒村”。村中有家“堡垒户”，带头人就是著名的“沂蒙母亲”王换于，人们尊称她“于大娘”。

王换于为民族解放和革命事业作出的贡献很多，其中之一就是在抗战时期创办起战时托儿所，先后抚养了八十六个革命后代。

近几年热播的四十二集大型革命历史题材电视连续剧《沂蒙》，该片女主人公于宝珍以其朴实、善良和坚强的形象打动了无数观众，于宝珍的原型就是王换于。

抗战“堡垒户”

1888 年，王换于出生在沂南县岸堤镇圈里村一户贫穷的王姓家庭里，十九岁那年，嫁到马牧池乡东辛庄一户姓于的人家。自此，被当地人按本地习俗称为于王氏。

全面抗战爆发后，沂蒙山区各地在中国共产党的组织和引导下，掀起了抗日热潮。于王氏因性格直爽、办事干练，思想也比较进步，逐步被当地党组织培养成了抗日积极分子。1938 年 11 月，年过半百的于王氏光荣地加入了中国共产党。在填写党员名册时，党组织犯了难，总不能发展一个无名氏做党员吧，一名干部在询问了她的经历后，说:“你是夫家用两斗谷子换来的，干脆就叫王换于吧。”

入党后的王换于更加积极，不久被选举为村妇救会会长和艾山乡副乡长。在她的影响带动下，大儿媳张淑贞和长子于学举、次子于学荣先后入党，她家成了著名的抗日“堡垒户”。

1939 年 6 月 29 日，中共山东分局和八路军第一纵队司令员徐向前、政委朱瑞等首长，率领机关人员，转战来到东辛庄，并将“帅帐”安在了王换于家。此后，八路军一一五师、山东纵队、省战工会（省政府前身）、鲁中区党委、省妇救会等机关曾先后住过王换于家，山东党政军的其他领导人罗荣桓、肖华、郭洪涛、黎玉、张经武、马保三和高克亭等也曾住过她的家。

创办战时托儿所

徐向前不仅带来了指挥山东抗战的首脑机关，还带来了二十七个（后来增加到四十一个）抗战将士的儿女，这些孩子由黄杰等照料。王换于见状，向徐向前提议道：“不如将孩子们分散到各个可靠的群众家中代养，这样孩子们能有个好照应。”

徐向前听后非常支持。1939 年 10 月，东辛庄抗日战时托儿所成立了，王换于任负责人。王换于为了完成这项任务，便挨村挨户做工作，五天不到，机关二十七个孩子就全被她安插好了。

创办战时托儿所，最大的问题是保证孩子们的安全，在那个兵荒马乱的年代，抚养这么多孩子，要担很大风险。王换于一家出生入死，帮助孩子们渡过一个个“鬼门关”。

那时敌人常来“扫荡”，王换于家抚养的孩子多，又是领导人的子女，目标大。为保证安全，王换于和儿子秘密在南山和北岭挖了两个较大的山洞，遇到敌人来“扫荡”，就带着孩子藏在里面。1941 年至 1942 年间，敌人三次来“扫荡”，王换于都带着孩子躲进山洞，其中一次住洞长达两个多月。

王换于和托儿所小孩的塑像

用牺牲换来平安

对战时托儿所里的每一个孩子，王换于都尽力细心呵护。一次，王换于去西辛庄看望一个寄养在那里的半岁婴儿，发现孩子瘦得不像样，非常心疼，就将孩子抱回了家。当时，王换于的二儿媳陈洪良正在哺乳期，因当时生活条件差、缺乏营养，奶水哺乳一个孩子都还不够，但王换于对陈洪良说："这个孩子是烈士的后代。"陈洪良当即就接过了这个孩子。

在婆婆的影响和带动下，张淑贞、陈洪良妯娌俩也都尽心呵护着这些革命后代。时间久了，妯娌俩的孩子由于长期疏于照顾，多营养不良。

王换于晚年照片

1940 年秋，陈洪良的儿子秋江得了病，陈洪良因为忙着照顾其他孩子，没腾出空来照顾秋江，结果秋江于第三天晚上病殁。1941 年，张淑贞又痛失爱子春海。春海当时已经八岁，常帮大人照看托儿所的小朋友。

这年 11 月，天气突然变冷，春海感冒发烧，正在这时敌人突然来"扫荡"，全家人忙着往山洞里转移托儿所的小朋友，春海也来帮忙。在回家的路上，突然下起大雨，春海全身淋了个透，回家一头倒在床上，最后感冒转肺炎夭折。再以后，陈洪良又有秋潇、冬马两个亲骨肉，也因营养不良先后夭折。

王换于和儿子儿媳们用自家的巨大牺牲，换来革命后代的安然无恙。从 1939 年秋到 1942 年底的三年多时间里，战时托儿所的四十一名孩子均健康成长，并陆续被父母和组织领走。1943 年后，又有革命将士的四十五名孩子由王换于抚养长大，以后这批孩子又被陆续领走，最晚的到 1948 年才离开。抗战胜利后，山东保育小学六百多名学生又被安置在东辛庄，王换于全家受组织委托，竭尽全力为保育小学服务。

1947 年，中国妇女运动的先驱者蔡畅在第一次世界妇女代表大会上，代表中国妇女做了王换于事迹的专题报告，王换于的名字从此名扬中外。

重返沂蒙谢恩人

中华人民共和国成立后的几十年间，遍布在祖国各地的王换于的“儿女”们，时刻不忘沂蒙山区的养育之恩，而王换于作为沂蒙山区母亲的代表，接受着来自全国各地亲人的关爱。

他们在来信中，常常称呼抚养他们的老人是“父母大人”，有的家长和“儿女”千里迢迢到东辛庄看望，有的将亲人接到他们的工作单位团聚，有的不间断地往山区寄送东西。

1989 年，王换于这位为民族解放和革命事业付出过很多心血和汗水的老人，因病逝世，享年一百零一岁。

王换于辞世后，党和政府以及不少当年托儿所的孩子们，仍然没有忘记这位革命老妈妈以及至今仍健在的张淑贞等人。

（本文选自《人民政协报》）

我的父亲李天佑在抗战时期

文 / 李亚宁

李天佑

平型关战役的"大姑娘"团长

1970 年冬天，笔者陪母亲在武汉休养。一次听到时任武汉军区司令员的曾思玉伯伯讲起一段他对父亲的印象："平型关战役结束后，我们都很高兴，但天佑同志不像我们活蹦乱跳的，他像一个大姑娘，很文静。"平型关战役时，曾思玉伯伯任父亲那个团的团政治处主任，年龄跟父亲相仿，都是二十几岁的年轻人。

1937 年 7 月 7 日，日本帝国主义发动了卢沟桥事变，企图以武力吞并全中国。

8 月上旬，我党与国民党政府达成协议：中国工农红军主力改编为国民革命军第八路军（后称十八集团军），开赴抗日前线。父亲任师长的红四师被缩编为八路军一一五师三四三旅六八六团。父亲任团长，杨勇任副团长（政委）。六八六团的历史可追溯到彭德怀、滕代远、黄公略领导的湖南平江起义。这是一支久经考验的英雄部队。现在这个团是解放军第三十八集团军的主力团。

父亲曾经率领有百色起义光荣传统的红十三团打垮国民党的精锐部队；今天又率领有平江起义光荣传统的六八六团勇战日本侵略者！

8 月底，父亲带领六八六团东渡黄河，从陕西进入山西。

1937 年 9 月 25 日清晨，一场震惊中外的战斗发生在山西灵丘临近平型关山口的一个山沟里。

平型关战役是我八路军第一一五师在山西灵丘一条狭窄的谷道，对日军第五师团第二十一旅团的辎重车辆进行的一个伏击战。六八六团担任实施中间突破的主攻任务。

战斗打响的头一天晚上，父亲本想在出发之前抓紧时间休息一下，可是激动的心情实在无法让他入眠。副团长杨勇说："老战将了，怎么还是这么紧张？"父亲答道："头一回跟日本侵略军交手，不要哪个地方想不全面，误了事！"这一年，父亲二十三岁，但已经有了近十年从军打仗的经历，被称作"老战将"不为过。他想起前一天，在灵丘县上寨村师部的连以上干部战斗动员会上，林彪师长提出要求："打一个大胜仗，给敌人一个打击，给友军一个配合，给全国人民一个振奋！"师长的话让他深感对于这一仗他这个主攻团责任重大。想一想，还是从床上起来，跟杨勇说他要到师部去看看师长还有什么交代的。在师部，父亲看到师长头上戴着健脑器，顿时后悔打扰了身体瘦弱的师长休息。师长主动问："有什么事情吗？"当听明来意后，师长平静地说，"按原计划执行。有情况一定会通知你们。"

这一个晚上，父亲可能想到的很多。他可能回想到，不久前他们在陕西三原改编，脱下红军服装，换上八路军服装，大家议论马上就要到前线跟日军打仗的热烈情景；他可能回想到，列车从山西曲沃县侯马车站开出不久，部队就一首接一首地唱起振奋人心的抗日歌曲的情景；他可能回想到，沿线火车每停一站，就看到无数老乡群众前来迎送慰问，看到东北流亡学生痛苦诉说和热情鼓励激动人心的场面；他可能回想到，在太原车站，看到溃退的国民党士兵嘲笑他们八路军"去送死"的那些不招人喜欢的话。也许这些他都没有来得及去一一回想，也许他只是在反复考虑，还有什么战斗细节没有想到的。对于有经验的临战指挥员来说，想就是要想那些"没想到的事情"。

确实有一个非常重要的细节，他在先前看地形时忽略了。

当日 24 时，父亲带领六八六团冒雨出发，按时进入白崖台一线埋伏阵地。阵地居高临下，山高坡陡。山下一条公路就是明天敌人的必经之路。

雨停了，天渐渐亮了，父亲在埋伏位置细细观察四周地形，突然发现，对面约三百米高的秃山山腰处，有一座不大的古庙（后来知道这个庙被当地人叫作“老爷庙”）。这座秃山是控制山沟公路的制高点。父亲觉得最好在对面山上埋伏一支兵力，但是已经来不及部署了，只能等到战斗打响以后再去占领它。

同样，这个制高点的细节，在师指挥所的师长也发现了。

早上约 7 时，日军进入伏击圈。大概是因为昨晚大雨，公路泥泞难走，几十辆汽车在埋伏的八路军将士的眼皮底下陆续停了下来，人马车炮挤成一团。父亲一看，这正是开火的好时机，命令团参谋姜洪照立即跑步到不远处的师指挥所报告敌情，请求下达攻击命令。林彪当即向父亲下达攻击命令。父亲抓起耳机，命令担任突击任务的一营：“攻击开始，打！”

平型关战役的第一枪是六八六团一营的指战员打响的。随后六八六团阵地上二营和三营，六八六团左侧的六八五团，各种枪弹、手榴弹和迫击炮弹也怒吼起来，震撼山谷。

师长发现有几个受到伏击的日本兵，慌乱中从山沟里往老爷庙爬，立即叫参谋把在团指挥所的父亲叫到身边，交代一定要去抢占老爷庙制高点。

父亲及时命令三营抢占对面山腰的老爷庙。三营营长邓克明和教导员刘西元带领全营冲下山，和日军拼杀了足足半个小时。第五师团是一支训练有素的部队，至死不肯投降，利用汽车、沟坎与我军展开白刃战。三营损失很大，其中九连干部战士大部分牺牲，全连只剩下十多个人。在二营援助下，三营终于冲过公路，直奔老爷庙。我军占领了老爷庙，从两面居高临下攻击日军。日军指挥官猛然醒悟过来，组织士兵开始反复与我军争夺老爷庙。副团长杨勇和三营副营长曹灿章在带领三营争夺老爷庙战斗中身负重伤。

下午 1 时，在一一五师六八五、六八六和六八七三个团兵力两面夹击下，白崖沟一线的日军很快就被歼灭了。八路军以近千人伤亡的代价（其中六八六团三百多人），消灭日军一千多人。击毁汽车一百多辆，缴获大批武器。可惜没有抓着一个俘虏。和日军第一仗，共产党领导下的八路军就打出了威风，同时也领教到日军的顽强，领教到他们小钢枪的厉害和拼刺刀的功夫。虽然后来才知道这一次交手的并非第五师团的主力作战部队，而主要是辎重后勤部队和部分担任警戒的部队。

平型关战斗中八路军一一五师指挥所

在平型关，我们的英雄前辈们为了保卫国家、拯救民族，与侵略者展开了一场殊死的搏斗。聂荣臻元帅在《首战平型关》回忆文章中写道："我们出师以后，第一仗就是平型关战役，它打出了中华民族的志气，树立了八路军的威信，对国内外产生了深远的影响，尤其是在'恐日病'和'亡国论'到处流行的时候，这一胜利大大增强了全国人民抗战的决心和信心。这是平型关战役胜利最重要的意义。"

2007 年 9 月 25 日，山西省隆重庆祝抗日"平型关大捷"70 周年纪念活动暨纪念馆新馆开馆仪式。林彪、聂荣臻以及父亲等十位参战将帅的铜像，矗立在灵丘县新建的平型关大捷纪念馆前的将帅广场上。铜像寄托了后人对前辈的思念和崇敬，也寄托对前辈永远守护家园的祈愿！

民族魂永存！

"天主保佑"

1938 年 2 月，父亲被任命为三四三旅代旅长，下辖六八五团、六八六团和补充团。

时任三四三旅参谋长、中华人民共和国成立后为开国上将、曾任军委工程兵司令员的陈士榘在《忆午城、井沟之战》的回忆文章中，提到过这样一段有趣的故事：

1938 年 3 月中旬，我三四三旅决定向吕梁山脉中南部腹地的午城镇日军进行攻击，并夺取午城镇。六八六团代理团长杨勇亲自向三营的干部交代任务，又派政治干部下去向战士们做动员。三营的同志们一得到命令，便都兴奋起来，战士们纷纷

表示，一定要打好这一仗，用实际行动保卫黄河，保卫陕甘宁边区。有的老战士还用李天佑的一小段故事来做文章，说我们有天佑（天主保佑的意思），一定打胜仗。这个故事是在不久前2月间发生的，那时部队进驻汾阳、孝义、兑九峪，李天佑生病，送到汾阳一家天主教会办的医院就医。医院一听我们是八路军，对我们很友好。李天佑很快就和医生护士熟悉起来。一天，有个护士在护理他时随意问他："你信天主教吗？"李天佑同志回答："我们是马克思主义者，只信马克思主义，不信天主教。"那位护士便说："你不信天主，你怎么取名叫'天佑'呢？这不是要天主保佑你吗？"李天佑看看大家，用一阵哈哈大笑做了回答。

陈士榘接着回忆：这事，我们都感到很好笑，也在一起说说。老战士中不乏爱开玩笑的同志，这一听说要打仗，就又讲起来了。也别说，它在无形中也起了一些作用呢。

今天我听起这个故事也觉得好笑。父亲这个名字当真起了一些作用吗？

西安八路军办事处的邂逅

由于长期紧张的战斗，极端艰苦的生活，特别在参与开辟吕梁游击根据地时，严重的神经衰弱使父亲的健康受到严重的影响，难以继续坚持工作和战斗。在组织的安排下，1938年5月，父亲从前线到延安治病和休养。

途经西安八路军办事处住宿时，父亲的随身警卫员住在旁边一个套间的里屋。一天，警卫员的外屋住进一对从河南开封到延安探亲、途经西安的年长的夫妇，看上去五十岁上下。父亲怕这对夫妇在外屋睡觉不方便，便叫警卫员跟他们对换了住房。这一对从大后方河南开封市一路辗转走来的普通知识分子，对这个旅长如此这般细心关照的态度留下极好的印象。父亲哪里想到，六年后，在他从苏联回到延安后不久，这对在西安八路军办事处邂逅的夫妇竟成了他的岳父和岳母。也许有人会说："这是缘分！"父亲去世后，我才第一次从外婆嘴里知道这个故事。外婆说，在那次见到我父亲之前，她不想让她的几个女儿嫁给军人。"是怕军人打仗容易牺牲吗？"我问道。"不是，军人粗鲁。"说得也不错，老太太那时是从国统区出来的。

父亲在办事处遇到林彪、邓小平和杨尚昆等领导。恰巧，邓小平、杨尚昆和林彪分别是父亲在红七军、红三军团和陕甘苏区红一军团（后来改编为八路军一一五师）三个不同历史时期的领导。父亲和他们留下珍贵的合影照片。

因为延安治疗条件有限，组织上便决定他取道新疆去苏联治疗，然后进苏联伏龙芝军事学院学习。

邓小平、谢觉哉等于1938年冬在西安八路军办事处（后排左为李天佑）

1938年底，父亲与杨至成同行去新疆，途经兰州时，在八路军兰州办事处住了一个月。正好伍修权同志在那里任办事处主任，趁此机会，请伍修权教他们俄语，为赴苏联学习做准备。

耘山和周燕合著的《革命与爱》一书中，在记述毛泽民去苏联的细节时提到，父亲是在1939年5月下旬的一个清晨，与毛泽民和林彪当时的妻子张梅，还有蔡和森和向警予烈士的儿子蔡博三人同行，从新疆的迪化（现在的乌鲁木齐）登上了飞往苏联边境城市阿拉木图的飞机。

苏联伏龙芝军事学院学习

由于交通不便，父亲等人直到1939年6月才抵达莫斯科。由共产国际安排，他们进入库契克地区的共产国际红十字会疗养所治疗。病愈后，在同年10月入苏联伏龙芝军事学院学习。

伏龙芝军事学院是培养苏联军队高级军官的学府。这里的特别班是专为中国革命军政干部设立的。它位于莫斯科。除了一些国内来的做地方工作的同志学习政治外，和父亲一同在这里学习军事的军事干部还有杨至成、刘亚楼、钟赤兵、谭家述、卢冬生五人。他们五人，除卢冬生于1945年底任松江军区司令员时殉职外，其余四人，中华人民共和国成立后分别被授予上将和中将军衔，都成为解放军的高级指挥员。他们在这里主要学习战略学、战役学、军事工程学等军事课程。父亲后来带回国的学习笔记本，我们家兄弟捐献给了位于卢沟桥的中国抗日战争纪念馆。

在莫斯科，有一个小事件让父亲差点遭遇不测。

1941年6月，苏德战争爆发的时候，父亲和钟赤兵住在莫斯科一个旅馆的六层楼上，没有电梯。当时政府规定，晚上空袭警报响起来，必须尽快到地下室隐蔽，可是在长征途中负伤被锯掉一条腿的钟赤兵，用另一条腿频繁下楼上楼很不方便，和很多人挤在潮湿的地下室里也很不舒服。于是等警报再响，他们两个人就下到一楼楼梯扶手后面的墙根前坐下来。第三次响警报，他们两个干脆就躺在床上。父亲对钟赤兵说，他有一次在战场上给战士送水，敌人飞机来了扫射一通，把他正端着的水锅都打漏了也没有打着他（真是老天保佑）。“哪有那么巧，德国鬼子的飞机炸弹就会炸到咱？”他宽慰钟赤兵说，“你腿不行，咱们别下楼了，就在屋里躲着吧。”一条腿的钟赤兵巴不得来个“就地隐蔽”。两个老战友，馊主意想到一块去了。他们两人为防万一，卸下了灯泡，舒适地躺在床上聊天。任凭屋外警报器刺耳、飞机轰鸣、高射炮声大作，探照灯灯光飞舞。突然急促的敲门声把他们惊吓住了，莫斯科对防空袭管制和惩处是很严厉的。原来，有人发现他们两个旅客不下到地下室，怀疑是日本特务，带着持枪的军警上楼查房。当时在苏联的日本特务比较多，苏联人分不清中国人和日本人。一番诚恳的解释和道歉后，他们虽然没有被惩处，但还是作为“不受欢迎的人”搬出了这家旅馆。

从蒙古国回国的坎坷经历

父亲在苏联治病和学习，是一段相对平静舒适的生活。

1941年6月，苏德战争的炮声打破了父亲他们在苏联学习的平静生活。由于苏联人民陷入了空前的劫难，特别班不得不结束学习。包括父亲等十几名中国同志由共产国际派出的苏军军官护送回国，于8月到达蒙古国首都乌兰巴托。

1985年6月的一天，离休前曾任最高人民检察院副检察长的李世英老人对采访人回忆起，他和父亲这一段时间相处的日子：

“1941年8月，我们十几个人，经过长途跋涉到了蒙古的乌兰巴托。这里中国人很多。我们在那里碰上了党中央派去的交通员郝、林二位同志。11月下旬，我和天佑、卢冬生同志由他们二人带路回国，到大青山时，发现了敌人。那里有我们的游击队。因此，日军在那里活动。我们每人骑一匹马，带一匹马，虽然带有短枪，但是难以对付当面之敌。转了一天，无法通过，只好退回去了。

“回去后，仍住在苏联驻蒙古大使馆安排的地方。这时，因为人多，供应很困难。没办法，许多同志不得不找工作谋生，待机回国——当时，共产国际虽派有人员负责我们的生活，但到了困难时候，他也不管了，只顾自己。

“我和天佑同志一心想早日回国。我俩商量后，下定决心，坚决走。当时想，即使在路上被国民党抓去当兵，也可以设法跑回延安去。天佑同志很忠诚，也很勇敢。他对苏联驻蒙古使馆和共产国际派去的人，对我们大家的生活不负责（态度）很不满意。因此，他临出发前，用中文给斯大林同志写信反映情况，提意见。信的大意是：我们都是来养病、学习的中国共产党的干部，你们一些人竟把我们当流亡者对待。当时，我想，天高皇帝远。斯大林在莫斯科，战争年代，哪还顾得上管蒙古使馆的事。我劝他不要写。但是，天佑同志还是坚持把信发出去了。"

我怀疑性格内向沉稳的父亲真会有写信给斯大林这件事。从乌兰巴托到莫斯科"天高"不说，那个远处的"皇帝"可是外国的呦。不过，那个时候，共产国际指定的联络官生活上不管中国同志，使他们在异国他乡遇到许多意想不到的生活困难。他们从百战沙场的中国红军高级指挥员，从苏联伏龙芝军事学院的骄子，一下子成为"国际难民"。有组织，无保障。回国不成，待着不是，困在乌兰巴托，一个个还都必须首先为自己的生计着想，只有各自谋出路。我父亲先是养兔子，后来找到戏院卖票的活儿；一条腿的钟赤兵被当作被俘的国民党军官在乌兰巴托坐了一年监狱，出来后到戏院以卖票为生；杨至诚后来讨饭返回到莫斯科；刘亚楼和卢冬生俄文好，参加苏联红军了，刘亚楼还成了苏军少校。

李世英老人回忆说，他和父亲找了一位向导，每人备了三头骆驼，骑一头，拉两头，驮上羊皮和水，化装成蒙古皮货商人模样。出发这一天，正是农历的七月初七、"牛郎织女"相会的这一天，天气热得不得了。他们翻沙丘，越土岭，又翻了几个山头，骆驼身上驮的六个铜器里装的水全部颠簸完了。好不容易发现一口废井，刚没命地喝个痛快，很快就拉肚子了。幸亏李世英带有止泻药，吃了管些用。实在走不动了，就由向导带着来到了一个水井边，搭起帐篷休息。

第二天，他们走出了山口，找到了路。看到戈壁滩上长着骆驼爱吃的野蒜，心里有说不出的高兴。真是天无绝人之路呀！

李世英说，他们出发后走到第十三天，才碰到一个人。问他国内买一双鞋子多少钱？因为当时他们是蒙古商人打扮，脚上穿的是靴子，进了国境需要换装。这个人告诉他们说一双布鞋要四百元。这个回答使他们大吃一惊，他们身上只有二百元。又坚持走了三天，到了内蒙古的定远营。找到一个旅馆，是共产党的一个交通站，有两个做情报工作的同志在这里工作，他们是山西孝义县人。

1962 年夏，父亲在广东湛江参加广州军区党委扩大会议期间，一次跟来住所看望他的军区机关同志回忆到这一段事情的时候说，他看老板走路一条腿一拐一拐的——父亲边说边学，他右腿前伸半步，弯着膝，拐着走了两步。父亲好奇地问老

板腿是怎么坏的。老板小声告诉他说："本来没有坏，是为了不被敌人怀疑他的掩护工作，学着拐腿走路，学坏的，已经直不起来了，"老板补充道，"八年了。"父亲听说这个老板同志为了掩护工作，竟然是把自己一条好腿活生生地走成一条残疾的拐腿，不禁由衷地佩服。

父亲和李世英在这里住了几天，卖了骆驼、皮革，换成了汉族服装。卖皮革时出现了破绽。商人说从皮革的折叠方法看，他们两人是从蒙古国过来的。还好，这个商人没有追究和报告，只是压低了些价钱。

他们从定远营出发，走到甘肃的平凉。路上，国民党检查很严。住在旅馆里，听说要检查了，就跑到外边去，等检查完了再回去，有时回去听说还没有检查，就又出去躲一躲。过黄河时，马鸿逵的部队要他们买这里的护照，要不然不让过。他们没钱，两人只好转到另一个方向继续走。1943 年 10 月 14 日，两人终于到了西安。白天，看到我八路军驻西安办事处外面被国民党特务包围，不敢过去，只好等到天黑才进去。办事处的同志不认识他们，询问得很仔细，又向延安发电报，一直等到延安回电报证实后，才安排他们两个人住下来。因为去延安的路被敌人截断，无法通行，他们在西安办事处住了大半年。

终于有一天，父亲和李世英两人等到一个机会，他们可以随另外一些同志同行回延安。1944 年 3 月 28 日，他们终于回到了朝思暮想的延安。每一次目的得到实现，都是万般艰辛与无奈的一次次企盼。从 1941 年 8 月离开莫斯科，到回国抵达延安，父亲和李世英用了三十一个月的时间！

延安大事

在后来的延安生活一年多的时间里，父亲有两件"大"事。一是婚姻大事。他与抗战初期河南地下党派到延安工作的杜坤（杜启远）结婚。六年前在西安八路军办事处见过面的那一对夫妇，现在是他的岳父岳母，听起来真是很让父亲惊喜。二是参加了党的七大。毛泽东主席在大会开幕式中发出号召："我们的任务不是别的，就是放手发动群众，壮大人民力量，团结可能团结的力量，在我党的领导之下，为着打败日本侵略者，建设一个光明的新中国，建设一个独立的、自由的、民主的、统一的、富强的新中国而奋斗！"参加党的七大，父亲备受鼓舞。一个多少人为之奋斗为之牺牲的新中国，就要在眼前了！

党的七大期间，中央为在中央苏区肃反中被错杀的原红七军和红八军总指挥李明瑞平反昭雪。从参加桂系部队到红七军，父亲一直是在李明瑞指挥的部队。耳闻目睹这位原来属国民党桂系的北伐名将在红七军转战千里、最艰难困苦的时候，身先士卒，英勇善战，和其他军领导一起坚定不移地把红七军余部带到了江西中央苏区。李明瑞继张云逸后任红七军军长不久，父亲就听说，他的新军长在下部队检查工作中被我军设伏的肃反人员当场枪杀了，没有审讯，没有问话。按照故事情节讲，应该说是被“刺杀死亡”。李明瑞时年仅三十五岁。现在，党中央为李明瑞平反，使红七军的这些老战士在感情和精神上都有一种释放。

（本文选自《桂林日报》）

我的父亲母亲

口述 / 黄永钱　整理 / 翁卿仑

黄寿禧、张玉香夫妇

1936年，父母创办了温州农村首个由共产党直接领导的集资企业“胜利头发公司”，秘密开展地下活动。从那时起到1949年瑞安解放，共有上千人次的地下党干部和游击队队员来莘塍，其后勤工作几乎都由我家全程负责。

父亲母亲离开我们已有几十年了。我们兄弟俩都已是年逾古稀的离休老干部，过着子孙满堂的幸福生活。每当夜深人静时，我一想起他们的音容笑貌和谆谆教导，不由心潮起伏，泪湿衣襟。闲暇时，我总爱给儿孙们讲讲那些早已湮没在历史尘埃中、不为后辈所熟悉的红色故事，期待先辈们的理想薪火相传，为民族的兴盛积聚生生不息的力量。

创办公司，掩护地下交通站活动

我的母亲张玉香1911年出生于瑞安莘塍华表村一贫苦的农户家庭。十三岁那年，我的外婆就撒手人世，外公一直没有续弦。因此，从少女时期开始，母亲就挑起了家庭重担。作为大姐，她不仅要帮助外公干繁重的农活，还要细心照顾两个年幼的弟弟。艰苦的岁月和贫困的生活磨炼了她坚强的意志，也摧垮了她单薄的身体。有一年秋收时节，她将稻谷晒干，用箩筐装运倒入仓库，由于年少体力不支，伤及肺腑，当场口吐鲜血。当时，落后的医疗条件只能敷衍了事，结果给她留下了终身病根。

母亲十九岁那年，和父亲结为连理。父亲的祖上是莘塍上村比较殷实的中农家庭。父亲机敏过人、精通音律，一表人才，在乡里广交人缘。婚后，父亲在外经营，母亲勤俭持家，家庭和谐安康，其乐融融。

1934 年，一场突如其来的经济纠纷使父母和中共地下组织结下了不解之缘。那年，父亲和村民合伙经营糖业什货。汀田地痞流氓张某以购买货物为由，倚仗国民党团长陈洪范的恶势力，骗去大量钱财，故意拖延长期不还。危难时刻，中共瑞安东区地下党负责人、武术高手陈文征挺身而出。通过汀田党组织的鼎力相助，张某不得不如数奉还。地下党人的真诚帮助，使父亲认识到只有共产党才是老百姓的贴心人，于是和陈文征结为挚友，逐步走上了革命道路。

后来，在革命思想的熏陶下，追求进步的父亲得到了中共瑞安东区地下党的信任。为了便于各地党组织的联络，他听从陈文征的建议，在我家祖屋西侧建造三间西式小洋房，并在此创办温州农村首个由共产党直接领导、并以共产党员为主集资的企业——胜利头发公司，由中共瑞安东区区委委员朱云龙任经理，父亲担任经营副经理，秘密开展地下党活动。公司经营的利润全部支持地下党活动，奉献给革命事业。这个红色据点既是中共瑞安东区区委的办公场所，又是东区重要的交通联络站。原温州地委书记郑嘉顺曾评价说，这里既是特别能战斗的革命斗争堡垒之一，又是培养青年干部的革命摇篮，为瑞安、浙南抗日战争和解放事业作出了杰出贡献。

胜利头发公司，此图陈列于上村革命纪念馆

父亲病故，母亲拭泪挑起重任

母亲作为内当家，全力以赴投身革命，热情周到地招待来自四方的共产党人，成为一名出色的女交通联络员。据不完全统计，从1936年到1949年瑞安解放，共有上千人次中共领导干部和游击队队员来公司参加秘密会议，吃住等后勤工作几乎都由我们一家全程负责。

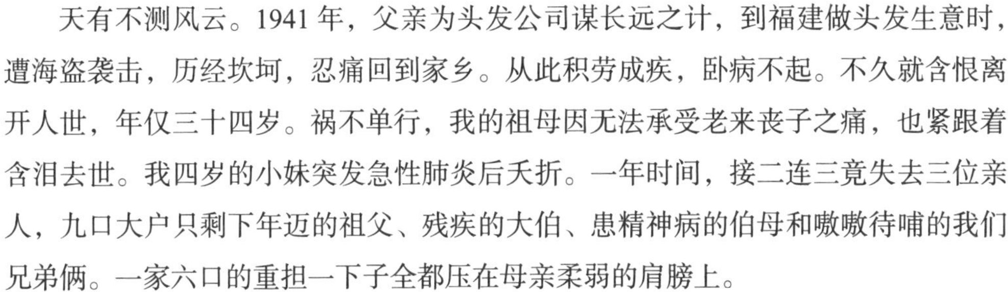

天有不测风云。1941年，父亲为头发公司谋长远之计，到福建做头发生意时，遭海盗袭击，历经坎坷，忍痛回到家乡。从此积劳成疾，卧病不起。不久就含恨离开人世，年仅三十四岁。祸不单行，我的祖母因无法承受老来丧子之痛，也紧跟着含泪去世。我四岁的小妹突发急性肺炎后夭折。一年时间，接二连三竟失去三位亲人，九口大户只剩下年迈的祖父、残疾的大伯、患精神病的伯母和嗷嗷待哺的我们兄弟俩。一家六口的重担一下子全都压在母亲柔弱的肩膀上。

母亲悲痛欲绝，曾多次产生轻生念头。可年幼的我们兄弟俩非常懂事，常常偎依在母亲的怀里，轻轻地擦干她那两行苦难的泪痕，安慰她：“阿妈，不哭，我们长大一定为父母争气！”说着，母子三人抱成一团。记得当年，我的大哥黄永金刚满十四岁，就外出经营小本生意，毅然挑起为家庭排忧解难的重担。有一次他遭遇日本军，被强行拉去当挑夫，随时都有生命危险。闻讯后，母亲心急如焚，几天几夜都没有睡过囫囵觉。那些天，我猛然发现母亲衰老了许多，一道道皱纹已过早地爬上了她的额头。大哥后来机智逃回，当他听说母亲曾忍受昼夜煎熬，过度地操心，甚是难过。

中共瑞安东区区委闻讯后，立即伸出援助之手。东区区委负责人陈文征、朱云龙、薛再植、黄元秋、陈志华鼓励母亲勇敢地挑起经营头发公司的重担。并且，委派一些地下党人协助母亲走出困境，使党的事业和家庭两不误。母亲化悲痛为力量，拭干泪水，坚决地融入革命大洪流。除继续正常开展公司经营业务外，仍冒着生命危险，一如既往地为地下党开展交通联络工作，使公司成为浙南东区党组织进行“二五减租”和抗日救亡运动的中心枢纽。

机智周旋，侦察递送秘密情报

抗日战争时期，头发公司楼上就是东区区委驻地，指挥全区党组织进行抗日活动。许多地下党领导人在这里工作过，而他们的平安，离不开母亲的精心照顾和后勤保障。原中共浙江省委宣传部部长胡景瑊，就隐蔽在公司边屋指导东区抗日活动整整一年时间，直到1941年11月才辗转到五云山游击基地。原浙南游击纵队司令员龙跃的妻子王林芳分娩时，母亲毅然担当起接生婆的角色。原中共浙江省委统战部部长吴毓，东区区委书记陈文征，东区区委委员朱云龙、叶迪林、季志平、黄元秋等同志与不少武工队队员频频往来于公司，印发大量的抗日宣传资料，这里还藏放过不少党内刊物并抄印标语传单。

1947 年年关将至，母亲和安国寺住持的侄女、共产党员郑秀英以去河口宫烧香拜佛为由，深入虎穴，摸清了那里国民党一个连队的武器配备和防务情况。面对敌人的刺刀和盘问，她面不改色，机智应对和周旋，最终化险为夷。之后，她急匆匆地一路奔跑向驻村游击队汇报，县委指派民运部部长陈文征带领东区书记黄元秋等二十余人，从莘塍上村深夜前往袭击。不料，狡诈的敌人把河口宫通往南岸的桥板抽掉，部队前进受阻。此时，敌人已有所警觉，部队只好撤退。尽管行动未果，但母亲临危不惧的精神在同志们间传为美谈。

还有一次，一群国民党特务在上村周围，暗中四处打听地下党下落，并随时准备搜捕，情况十万火急。此时，我家楼上正住着好几位地下党员，稍有闪失，党组织将遭受灭顶之灾。闻讯后，母亲飞奔着向党组织告急。中途，母亲心急如焚，不慎猛地跪倒于地，膝盖骨跌裂，但她还是以顽强的意志，忍痛完成了情报送达任务。党员们迅速安全撤离，敌人扑空，悻悻而归。十几年来，母亲以她的英勇和果敢，成为一名红色堡垒的坚强哨兵，她和一批进步妇女日夜巡逻放哨，使地下党活动未出任何安全事故。

不顾危险，鼓励家人投身革命

母亲于 1946 年加入中国共产党。敌人的恐吓、特务的盯梢，始终没有动摇其意志，她以经营头发公司为掩护，四处发展、培养地下党员，使头发公司成为造就中共党员和先进分子的革命摇篮。当时，正处于解放战争时期，国民党在全国范围内全面“围剿”、屠杀共产党人。瑞安有一些共产党人身份暴露，惨遭杀害。城墙上常常挂有共产党人的头颅。母亲不顾危险，接受党组织的委托，秘密前往华表、凤岙宣传共产主义思想，并在两地建立党支部，发展了十三名进步群众加入共产党。危险不避亲，她还毫不犹豫地将弟弟张棉弟、

上村革命纪念馆

外甥杨荛弟、阿荛等四人率先纳入考察对象。经过多次生死考验，他们投入了党的怀抱。我的哥哥黄永金从小就接受革命熏陶，母亲引导他向党组织靠拢，继承父辈的遗志。1946 年下半年，他也宣誓加入了中国共产党，年仅十八岁。

中华人民共和国成立前夕，在区委直接领导下，莘塍上村建成两个党支部，共发展党员四十二名，其中妇女党员十一名。母亲和郑秀英发动一百多名妇女参加妇女联合会，常用秋瑾的一句话“女子要有学问，要自立”来鼓励她们。妇联开设妇女识字班，倡导男女平等，传播革命理念，并在活动中考察吸收本村九名妇女加入共产党，后组成“上村革命十姐妹”，母亲被推选为组长。十姐妹在村党支部的领导下，参加巡逻、放哨、监视敌情、传送情报、张贴标语，还组织大家做了四百多双军鞋，送给进城的解放军战士做慰劳品。“十姐妹”的事迹在云江两岸广为传颂，为瑞安妇女的翻身解放树立了榜样。如今，母亲培养、发展的十一位女地下交通员大部分成为革命老区的“红点户”，并享受国家定期补贴。

当时，我和大哥已经长大成人，理应在家分担家务。再说，母亲为这个家已经操劳了大半辈子，我们于心不忍，哪怕有一人留在她身边，也有个照应。可是，母亲大手一挥，好男儿志在四方，应该为国家、为群众多做有益的事情。至今，我还依稀记得 1949 年我入伍进城那天，母亲送我时笑得很灿烂，可我后来听亲戚说，母亲回家后，眼睛哭肿了，几天都没有褪掉。听着，我的眼眶瞬间湿润了，我突然感到是母亲给了我们坚韧、进取的生命力量，让我们重新审视生命的价值。

（本文选自《温州日报》）

我的父亲王尽美

口述/王　杰　整理/张晶晶　毛传来

王尽美（1898年—1925年），原名瑞俊，字灼斋，中国共产党的创始人之一，山东党组织最早的组织者和领导者，中共一大、二大代表。王尽美有两个儿子：长子王乃征是吉林省军区原副司令员，已于2009年去世；次子王杰，现居上海。

王杰，原名王乃恩，1922年出生，1938年参加革命，1939年4月加入中国共产党。曾任义乌县委书记、华东局组织部组织处副处长、川沙县委副书记、上海市交通办党委副书记等职，1992年离休，是上海市各次党代会的列席代表。

王尽美

父亲命运的拐点

我的老家是鲁东南的莒县北杏村，现属山东诸城市。我们村当时是个有三百户人家的大村，有地主十余户。我家是佃农出身，家中男丁不多，到我父亲这辈是两代单传。我的爷爷早逝，父亲是遗腹子。家里的经济条件很困难，饭都吃不饱，父亲小时候靠给地主的儿子陪读，才获得了读书的机会。不料，父亲陪读的两个地主的儿子先后暴病身亡，父亲被看成是克星而失学。

后来，父亲进了学费低廉的村塾学习。辛亥革命后村塾被废，成立了新式初等小学，父亲因为成绩特别优秀，由校长圈定免除全部学费。毕业后进入镇高等小学，又因为表现出众，成为学校唯一的免费生。1915年毕业，回乡务农，由我奶奶做主，

父亲与我母亲成婚。但是父亲一直怀有继续读书的念头，1918 年，他考取了位于济南的山东省立第一师范。这是一所官费学校，不交学杂费和食宿费，特别受贫家弟子的欢迎。我奶奶本是极力反对独子远走他乡，但拗不过我父亲，只好勉强答应了。

1918 年春天，二十岁的父亲告别家乡，赴省城济南求学，命运就此改变。在济南，他接受了新思潮的洗礼，从此走上了一条与普通农村青年截然不同的人生道路：投身五四运动闹学潮，建立山东第一个共产主义小组，参加中共一大……直至被学校作为“危险分子”开除，成为一名革命家。

我的小名叫“来信”

1922 年，父亲和邓恩铭等人远赴莫斯科参加远东各国共产党及民族革命团体代表大会，会后在苏联参观考察了半年，回国后又去上海参加了中共二大。半年音讯全无，奶奶和母亲急得不得了。终于有一天，望眼欲穿的她们等来了父亲一封报平安的信，悬着的心总算放下了。那时我刚出生不久，所以我的小名就叫“来信”。

1924 年秋天，父亲积劳成疾，不幸染上肺结核，但仍坚持工作，亲自指挥了济南、青岛的工人罢工，并取得胜利。1925 年 3 月，还去北京参加孙中山先生的葬礼。回来后他的病情就恶化了，1925 年 6 月，党组织让他回家静养，因为病情加重得很快，一个月后只好又离家，住进青岛医院。那年 8 月 19 日，他与世长辞，留下的遗言是：“全体同志要好好工作，为无产阶级和全人类的解放和共产主义的彻底实现而奋斗到底！”

父亲去世时很年轻，只有二十七岁，我才三岁，我哥哥六岁。我对父亲的印象很模糊，只记得党组织派人把父亲的灵柩送回村里安葬那一天，母亲带着哥哥和我到村口去迎灵，将父亲落葬在村东南的墓地。1959 年，政府将父亲的坟墓从北杏村迁移到济南四里山（现改为英雄山）烈士陵园。

唯一的清晰照片

父亲去世第二年，母亲也病故了，奶奶一手把我们哥俩拉扯大。本来党组织打算把我们带走抚养，但奶奶说什么也不同意。地主看我们家里没有劳动力，要把租给我们的土地收回。奶奶带着我去向地主求情，地主才答应保留一小块地给我们。为维持家中生计，奶奶不仅要下地干活，逢年过节还要到地主家帮佣。就是在这样艰难度日的光景下，奶奶还是坚信读书才会有出息，因为实在供不起两份学费，所以我留在家帮奶奶种地，我哥哥出去上学。

奶奶陆陆续续对我说了些父亲的事，自豪地说起父亲十分聪明好学，能书会画，还能作歌谱曲，演奏琵琶、二胡、笛子等乐器。奶奶不识字，没上过学，对于我父亲所从事的革命工作，并不了解，但坚信自己儿子走的一定是正道，绝不会干坏事。

奶奶说，1923 年，父亲曾从北京托人捎来一张半身照。看到照片，奶奶又惊又喜，同时也担心照片被发现会招来不测，又不忍心把照片毁掉，思来想去，把照片封藏在屋子的土墙里。这屋子不是我们家的房产，是地主堆杂物的偏房，借给我们住的。奶奶把土墙挖了个小洞，把照片用布小心包好，放进洞里，在外面糊上泥巴。这个秘密直到中华人民共和国成立初期政府征集档案时，奶奶才说出来，赶紧派人去找，果然还在土墙里。这是我父亲存世的唯一一张清晰照片，也就是现在历史书上常见的那张，现存中央档案馆。

中华人民共和国成立初期，毛泽东同志和董必武同志十分想念我父亲这位早年的战友。根据毛主席的指示，山东省委把我奶奶接到济南居住，派专人照顾生活起居。1953 年奶奶病故，享年七十三岁。

奉献在平凡岗位

我哥哥王乃征 1937 年入党，在我们老家组建抗日游击队，解放战争时期被调往东北辽东军区，就一直留在东北。1966 年初，在吉林省军区任参谋长、副司令员，1983 年离休。1995 年，哥哥送给我一幅字：“父辈拓荒燃火种，兄弟继业奔西东。今朝双双古稀岁，相约誓学不老松。”“不老松”是 1961 年董必武同志在《忆王尽美同志》一诗中对我们父亲的赞语。哥哥以这首诗与我共勉，保持革命传统，继续为党的事业发光发热。

我的老伴于 2009 年病逝，是我的同乡，结婚后受我的影响读书认字，也参加了革命。我们育有四个子女，其中长子王明华是浙江大学教授、博士生导师，光电子学专家。长子生在中华人民共和国成立前，取名明华，反映了我们期待光明早日到来的心情。

我们的后辈有的在事业上取得了成就，有的在平凡岗位默默奉献，没有人从政，能有今天的成绩与我父亲的身份没有关系，都是靠自己的努力，一步一个脚印走过来的。我的女儿王建华从部队转业后，到上海铁路系统做了一名普通职工，直到退休前她的工作还需要三班倒，从没想过利用特殊的家庭背景换一份舒服轻松的工作。我的侄子王军年轻时当兵，驻守长白山脚下，在基层连队摸爬滚打，也没有向组织提过特殊要求。

（本文选自《浙江日报》）

我的父亲与陈先瑞将军的传奇故事

——记一名老红军战士的抗战经历

文 / 孙爱叶　孙　凯

我的父亲原名孙得胜，中华人民共和国成立后改名叫孙青山，是陕西长安丈八乡丈八沟人。我父亲的一生是非常传奇的一生。十三岁参加革命，曾在红军部队担任过通信员、宣传员、卫生员和军医。1947 年的 8 月，父亲所在部队在豫西卢氏县豫陕交界的老界岭一带和国民党六十五师打了一场遭遇战，父亲为救战友与部队失去联系。长期与部队失联后的父亲和两个战友在卢氏县老界岭山下的龙驹村生存。到 1952 年 12 月的一天，中华人民共和国成立后卢氏县的第一任组织部部长姜子清（他们当年红二十五军的一个连教导员）下乡调查工作时遇见了他，战友重逢后，在姜部长的证明下，重新在卢氏县人民医院参加了工作。他兢兢业业工作，服从党的调遣，先后被组织分配到条件艰苦的卢氏县横涧医院工作十余年，调回县医院后又主动要求到修建卢氏（三百公里）的工地医院工作数年，后来在 1981 年从卢氏县张麻医院光荣退休。

父亲早年家境相当困难，他父亲早逝，母亲改嫁他乡，兄弟二人中他是家里老二，由于当年战乱，缺衣少粮还经常揭不开锅，饥饿难忍的父亲十二岁就外出流浪以给人打短工或要饭生存。

1935 年的冬天，大雪下了半个多月，可怜的父亲又冷又饿，实在没有办法就在远离他乡的镇安县给当地大地主家打短工。在寒冷的冬天，父亲白天上山打柴，晚上就住在地主家的柴房，生活非常艰难。一个傍晚，他在附近山上给地主家打柴下山时路上遇见了当年红二十五军手枪团的先头部队，队伍里的高个子红军把父亲叫到跟前，当了解得知他给大地主家打短工，加上他年岁小又是地主家的雇工，不会被当地国民党政府官员发现时，就利用这个有利条件托付我父亲下山后给大地主家捎了一封用黄纸写的书信。当晚大地主得知红军队伍就要打进县城来，第二天一大早镇安县的大地主孙老财就伙同当地的进步人士（思想倾向共产党的进步人士），在天亮前打开了城门迎接红二十五军手枪团四十余人进城，随后到来的大部队解放了镇安县城。

其实，我红二十五军早就知道镇安县毛坪镇有一个叫孙伯年的大地主，他思想比较进步并且私下拉起杆子，打起了“抗日第三军”的旗号，自封为“抗日第三军军长”，自称“孙司令”，他由镇安窜到长安等地建立了武装力量。手下有四个营，长枪四五百杆，盒子枪数十把，轻、重机枪各一挺。

1935 年 1 月 9 日，红二十五军攻占镇安县城后搞到很多布匹和粮食，也收编了当地地方武装数千人。中革军委下发传令：“红二十五军陕南战斗迭获胜利。甚好甚慰……望乘胜在鄂陕边界地区创建革命根据地，成立苏维埃政权，发展壮大地方武装力量。”2 月下旬，中共鄂陕特委和鄂陕游击总司令部正式建立，郭述申为特委书记（后改为郑位三），陈先瑞为游击总司令部司令员。这时，我父亲虽然年仅十三岁，但由于勇敢机灵及时给红军送了信并立了功就破例参加了红军，被分配在总部所辖第九路游击师战斗营。一千余人的红军加上当地武装已发展到两千余人。我父亲就在战斗营当通信员，这时父亲才知道司令员陈先瑞就是先前攻占镇安县城打先锋的那个高个子领头红军。陈司令打仗勇猛，为人和善，还在父亲入伍时亲自给父亲起了名字：孙得胜。从此父亲有了自己真正的名字“得胜”，发誓要死跟陈先瑞打胜仗立大功。

4 月上旬，鄂陕边区苏维埃政府（辖两个县、七八个区级红色政权）在山阳县的袁家沟口成立。陈先瑞又被选为中共鄂豫陕省委委员。

红二十五军又在袁家沟口与敌作战，阻击敌人正规军，袁家沟口大捷后，力量更加强壮，部队于 7 月 13 日北出钟南山，威逼西安。16 日，省委率红二十五军由长安沣峪口西征北上，继续长征。这时，父亲已被调在司令部给陈先瑞当了专职通信员。他由于没有文化，年龄也小，就负责给首长烧开水、送文件等工作。司令部陈先瑞下发的很多文件和行动计划等重要批件以及坚持陕南斗争的方针任务等重要密件，都是由父亲和他们的通信兵战士化装成老百姓步行送达各战斗营。红二十五军各战斗营那时几乎天天打胜仗。

1936 年 10 月 6 日，红七十四师在商南县碾子坪正式成立，陈先瑞任师长，李隆贵任政治委员。全师总共七千余人，编成两个营、一个手枪团和一个特务连。红七十四师组成后，独立坚持鄂豫陕边的游击战争，这时上级命令在部队里的十五岁

以下“红小鬼”（未成年人）一行七人被后来的二十五军干部旅带到延安学习文化，而被留下的则继续巩固和扩展这块来之不易的革命根据地。

到延安后，我父亲先在延安干部烈士子女学校学习文化，文化班毕业后又在延安卫校学习，学习期间他还担任宣传员和卫生员等职务。一直到1945年春节过后各战区到延安给毛主席喜报战绩，大家欢天喜地欢迎各战区战斗英雄，在延安东门外广场部队开表彰大会给战斗英雄披红戴彩送大红花时，我父亲感慨万分，并强烈要求返回战斗一线。抗日战争胜利后，上级就命令他跟随南下部队十五旅南下，他担任十五旅卫生队军医，转战来豫西配合陈先瑞打游击战。抗日战争胜利后，陈先瑞所部第三支队改编为中原军区独立第三旅，陈先瑞任旅长。1946年2月，独三旅与新四军五师第十五旅合并，父亲所在的第十五旅保留第十五旅番号，旅长是王海山、政治委员是陈先瑞，从此父亲又回到原来陈先瑞老部队工作。6月26日，中原军区部队分路实行突围时，旅长王海山率第四十五团随同中原局和军区领导机关行动，于7月中旬突围到陕南商南县境内；政委陈先瑞率第四十三、四十四团和父亲所在第十五旅，随南路王树声第一纵队行动，越平汉路西渡襄河，于1946年7月下旬进入鄂西北武当山地区。就在这时，陈先瑞忽然又奉命率部北返商洛地区，就任豫鄂陕军区副司令员兼参谋长。这次远程调动，原是郑位三与李先念所商定的，理由简单而又充分：因其曾经在陕南坚持过两年之久的游击战争，对当地情况了如指掌，便于领导和开展斗争。

听父亲说，中原突围时，各路部队损失都很惨重，好多战士在这次突围中牺牲，部队缺医少药，只好就地取材，很多伤员因为没有药品救治，流血过多死亡，各种手术也是在简陋的条件下进行的。国民党军对我们心狠手辣，很多战士都惨遭杀害。陈先瑞所率领的两个团和十五旅，总共剩下一千余人，而先期突围到商洛的第四十五团，于沿途所遭受的损失更重，全团几乎所剩无几。这是一次极为艰难的远程跋涉！由于兵力弱小，敌我力量悬殊，1946年12月，敌人重兵压境，形势更为严重，军区主力部队在文建武、汪锋率领下，被迫转移到豫西卢氏境内。1947年2月，经中共中央批准同意，豫鄂陕边区党委、军区及行政公署北渡黄河，开往山西晋城休整。与此同时，陈先瑞根据区党委和军区的决定，与第四军分区政委韩东山一起，负责收拢整编各军分区所属部队，准备随后渡河入晋。经过一番奔走联络收拢，终将各分区剩余部队两千七百余人集中起来，组成军区第二纵队，陈先瑞任司令员，韩东山任政治委员。新组成的第二纵队，遂由豫西集结出发，于3月20日从渑池北渡黄河，继经阳城抵达晋城，与先期到达的军区主力部队会合。部队休整期间，李先念、郑位三、陈少敏等，先后从延安来到晋城，主持召开了团以上领导干部会议，总结了中原突围的经验教训。陈先瑞参加了这次重要会议。会后，豫鄂陕军区第一、二纵队，统一编成一个纵队，为晋冀鲁豫野战军第十二纵队。7月下旬，豫鄂陕区党委、军区及行政公署撤销。至此，父亲也跟随老首长陈先瑞离开原来的老部队。1947年7月，陈先瑞奉中央军委电令，调任西北民主联军第三十八军副军长。父亲也随之调入第三十八军当军医。1947年8月22日夜，第三十八军由平陆茅津渡跨过黄河，相继攻占会兴镇、张茅店、观音堂等地，切断陇海铁路交通线。在攻克灵宝、阌乡之后，陈先瑞奉命率领第十七师及第二十二旅，沿陇海路尾追西窜之敌，直逼潼关。同时，又掩护主力部队回师东返，夺取陕县。第十七师在潼关南塬车善峪战斗中，歼敌一个团两个营，接着又在窑底寨战斗中打退敌人四个团的围攻。

袁家沟口鄂陕边区苏维埃政府旧址

1947年12月的最后一个傍晚是父亲最难忘的一天，刺骨的寒风夹杂着大雪。父亲所在的部队一千余人在卢氏县豫陕交界的老界岭一带执行打游击任务时和国民党军六十五师打了一场遭遇战，由于敌强我弱，部队没有翻过老界岭就被敌人打垮，部队伤亡惨重，很多战士牺牲。我父亲掩护两名重伤战友跑进山洞，给战友治疗包扎，等到战斗结束后趁着夜深人静带领战友摸回山下的村庄，住进一家张姓人的家里给战友治伤。数天后，他们三名战友归心似箭，没有等伤口恢复就在老百姓掩护下，穿上村民衣服相互搀扶着去追赶部队，一路上要饭，艰难走到西安后也没有打听到部队的下落。三个人这时怕暴露身份又折回老界岭来到战斗原地等待部队

消息……他的两个战友为维持生活给人打长工，他则利用部队军医的身份给乡亲们看病开了诊所。一直盼到了1949年解放。两个战友分别回到自己的老家河北和山东，他就在当地跟张姓老人家的姑娘结了婚成了家。

父亲于1952年11月重新参加卢氏县人民医院工作，并于1981年在卢氏县张麻医院光荣退休。退休后我父亲跟着儿子来到三门峡生活，他老人家虽然年岁已高，但仍然给家属院和附近的老百姓看病，还经常夜里出诊，深受附近群众爱戴。2003年7月3日，我敬爱的父亲突发疾病永远离开了我们，享年八十一岁。父亲一生为中国抗日战争和解放战争立下了相当大的功劳，救治过数不清的革命战友，一生与世无争，光明磊落。去世后儿子按照父亲当年吩咐把他葬在三门峡会兴黄河岸边（他们红军当年打仗渡黄河的故地），让他老人家永远能看到他们当年红军横渡黄河时的光辉历程和历史故地。

（本文选自三门峡生活网，有删节）

和父亲在一起的日子

文/李　玉

2010年11月2日是父亲百岁诞辰。父亲原名李超兰，曾用名李烈生、张寿篯。我家祖籍山东文登县大水泊，清朝康熙年间祖上闯关东来到辽阳小荣官屯，世代务农。父亲从小学读到高小，进私塾又读了两年四书五经。父亲多才多艺，绘画、书法、吹箫、写对子，样样皆精，乡亲们亲切地称他为“小秀才”。父亲生在祖国忧患深重、苦难多灾的年代。他在自己的书箱上刻下了“运思出奇，横扫千军”八个大字，表达了自己愿为拯救灾难深重的中华民族而驰骋疆场、杀敌立功的宏伟志向。他精心描绘一幅“禹王治水事迹图”，立志要像大禹那样为百姓办好事。

李兆麟

1931年九一八事变，日军铁蹄践踏辽沈大地，父亲参加了“东北民众抗日救国会”和反帝大同盟，开始了他的革命生涯。在血与火的考验中，年仅二十二岁的父亲光荣地加入了共青团，不久转为中共党员。在漫长而艰苦的抗日战争中，无论是“蚊吮血透衫”“足溃汗滴气喘难”的炎热酷暑，还是“火烤胸前暖，风吹背后寒”“冷气侵人夜难眠”的零下四十多摄氏度的冰冷寒冬，父亲始终如一在党的领导下，与日军苦斗。

作为将军的长子，我深深感激党和人民对父亲的厚爱和崇高评价。在父亲100周年诞辰的时刻，我更加怀念父亲革命的一生、战斗的一生，特别是，在父亲牺牲前的三个月，和父亲一起度过的那段短暂的美好时光，至今忆起，仍是那么刻骨铭心，久久不忘。

“就要见到阔别十余年的父亲，我既激动又紧张”

1945年“八一五”光复，日本投降！我们全家十分高兴！抗战十四年的父亲快回来了，全家可以团圆了！听说苏联红军的军车每天都从大烟台的公路向大连方向进军，我就跑到十多里外的公路上张望，看看有没有中国的抗日队伍路过，有没有父亲的身影。

在焦急盼望与等待中，一天傍晚，有一个老头（是焦声远的叔叔）骑着毛驴来到我们屯说：“找李超兰家，受朋友之托，前来送信。”原来送信的是大三界霸村人，是李靖宇叔叔的同乡。李叔叔原在北满抗日联军第三军当参谋长，后来在奉天（沈阳）长期做地下工作。苏军进驻沈阳后，冯仲云任驻奉副司令，他把我父亲在哈尔滨的情况告诉了李靖宇叔叔。李叔叔托焦声远的叔叔带信，让我们家去沈阳三经路某某号找苏军驻奉卫戍司令部副司令张大川（冯仲云）。

我同表叔魏承顺立刻去沈阳找到了张大川，同时也见到了李叔叔。此时，我才知道父亲去北满抗日已改名叫张寿篯，现在哈尔滨任苏军驻哈卫戍司令部副司令。

在苏军司令部，看见冯叔叔、李叔叔每天协助苏军做接管工作，十分忙碌，接见青年，宣传共产主义。待了十多天，终于有消息，说可以随抗联部队和关内来北满的干部去哈尔滨了。一想就要见到阔别十余年的父亲，我既激动又紧张。

到哈尔滨后，我们同延安来的干部住在原伪满第四军管区的二楼小礼堂里（今哈三中），那里是父亲新组建的保安总队司令部。

然而父亲工作非常忙，一连两天也没有见着，我十分着急，不免胡思乱想：是不是父亲当了省长，不愿见我们？不会的！我想起了儿时父亲是那么喜欢我！那时，父亲骑着白马东奔西跑宣传抗日救国的道理，我家成了抗日活动的据点和联络站。父亲经常给群众教唱革命歌曲，如《国际歌》《送郎当红军》《救亡之歌》《工农兵之歌》，我也跟着学唱。夜深人静，父亲在灯下刻抗日传单，天亮时散发。由于经费少，父亲发动群众捐献，每次我家捐的都比别人多，母亲把“体己钱”也贡献出来。我年岁虽小，但受大人影响，把大人给的“压岁钱”凑整交给了父亲说：“拿出去打日本鬼子！”父亲高兴极了，逢人就讲：“我儿子也知道捐钱去打日本了！”我记得父亲从本溪调回沈阳养病，做地下工作。那时父亲身体很虚弱，有时还咳血。见父亲难受的样子，我难过地说："爹，回家吧。"父亲笑着说："小胖（我的乳名），你不是还要攒钱打日本鬼子吗？爹不累。"父亲还抽空教我练字、画鹅，给我香蕉吃。不知不觉人睡着了，蒙眬中，我被人叫醒，与表叔被领到一个小房间，在人群中，我一眼认出了父亲，尽管我们父子已分开十多年了！

父亲见到我，是那样的喜悦，见我长高了，是个大小伙子了，长得酷似他。父亲身穿普通衣裳，没戴帽子，依然那么魁梧。他说："我已去小礼堂找了两次也没有找到你们。儿子长大了，让你们久等了。工作太忙，才开完会，现在已经快半夜12点了。"父亲又说："为了祝贺我们十多年的第一次见面，咱爷俩干一杯！"说着，父亲从拎兜里掏出事先准备好的一瓶红葡萄酒和几根红肠，与在场的哈尔滨市委书记钟子云、哈尔滨保安总队司令王建中等几位领导轮流碰一下杯。这是我有生以来头一次碰杯，头一次和父亲碰杯！我享受难得的快乐，尝到了父爱的滋味！当夜，我就和父亲睡在办公室的地板上，抵足而眠。

第二天天亮，父亲领我们去他的住处。当走到三中北门时，被岗哨挡住："没有上级指示，谁也不能从此门通过。"显然哨兵没有认出父亲。父亲不但没有生气，还连连夸奖他："这是好战士，认真执行上级指示，应当表扬。"随后，我们绕道从前门走出。这是我步入成年后，父亲以身作则给我的第一次教育。

"父亲的一言一行、一举一动深深地感染着我"

来哈以后，我住在大直街一百二十四号二楼上（据说是日本关东军某中将官邸），那里是我党接待高级干部的地方，张秀山、李天佑、聂鹤亭、卢冬生（宋明）、冯仲云等都曾在那儿住过。陈云同志来哈以后，父亲陪同他住在大直街一百二十六号对面一栋欧式小洋房里。

父亲很忙很忙，平时我根本见不到他，只有北满分局、松江工委领导开会时我才能看见。开会时，勤务员不准上楼，父亲就让我临时去送茶水，并向各位叔叔介绍："这是我的小孩，今后开会就让他准备茶水吧。干革命先从勤务员做起。"父亲对我讲："在日本统治时期，你还小，不能随我打鬼子，整天东躲西藏，也没念更多的书。这也好，念了也是奴化教育。"我说："祖母不让我们学日本语。"父亲接着讲："现在解放了，将来为人民做事就要有文化，你要好好学习。等时局稳定了，我送你到军政军校去。现在跟你冯叔叔（冯仲云）学习数学，他是大学教授。"我记下了父亲的教诲，有空就学习，还向电报员学收发报和译电文等方面的知识。如今我八十多岁了，仍是好学不辍。父亲每天工作都到深夜12时多，早出晚归，父子俩很少有机会亲近。我向秘书提出，要求和父亲住在一起。父亲欣然同意了我的请

求，把我接到花园街二十六号一栋楼上二层居住。当时时局很紧张，又是年底，我军正准备撤离哈尔滨，国民党接收大员关吉玉、杨绰庵、余秀豪等，将要进驻市里。关内来的我党干部日益增多，开会频频，尽管父亲夜半回来，仍是不休息，还抓紧了解家乡的一些情况。

我告诉父亲："自从您北上抗日后，全家人就由曾祖父、祖母带领，提心吊胆地生活。曾祖父已经八十多岁了，祖母也六十多岁了，头发已经白了。二祖父早就去世了，剩下一个堂叔，比我大几岁，跟着曾祖父在家种地、放牛。伪警察时不时地跑到屯子里调查，问您是否回来过，上哪儿去了？屯中的人都是李氏家族，骗伪警察说您不在了。二祖父在外经商时托朋友在黑龙江青冈县公共墓地造了一个假坟，给家中来信说您病故了。"听到这儿，父亲很是伤感，动情地说："我最想念的就是你奶奶（祖母）和你太爷（曾祖父），我从小失去父亲，由你奶奶拉扯长大，你太爷抚养我成人。我实在对不起全家人，没有担当起家庭重担，没有为老人尽孝。我永远记得我离家出走时，两位老人对我说的话，'超兰，咱家没有掌事的男人了，你一定要打日本鬼子，那就去吧。抗日就要抗到底，绝不能半截腰跑回来，当老屁丫子。不把日本鬼子打跑，不要回来见我。'"说着说着，父亲哭了，百感交集，"我按照老人说的去做了……我真想马上回去见见全家人啊，真是忠孝不能两全啊……国民党反动派又要来了，想夺取人民的胜利果实，我重任在肩，只能等和平后回家乡看看。"我说："您一定要回去看看，您要知道老人家多么想您啊。每年一到十月初一（农历）您的生日时，半夜子时，祖母就领我到院子里，遥望北方满天星斗，呼唤着，'长生（父亲小名）跟妈来，看看妈！快点把日本鬼子打跑，回来看看妈，妈想你！'1944 年您生日那一天半夜，空中云雾缥缈，经奶奶一遍又一遍地呼喊，刹那间，云开雾散，露出满天星斗，祖母乐极了，叫我，'小胖，你爹还活着，快给老天爷磕头！'"我讲到这里，父亲已热泪盈眶："好，等时局稳定了，我请几天假，一定回家看看。"但令人遗憾的是，沈阳不久被国民党军队占领，没法回去了。更不幸的是，不久父亲被害牺牲了，再没能回到可爱的故乡，再没能见到可敬的老人。

我告诉父亲："1933 年，中共奉天特委遭到破坏后，许多同志被捕入狱，其他的人都跑散了。姑母李兆宾和姑父被抓进监牢，李超全叔叔牺牲，堂叔李超一、表叔杨兆利一去无消息。杨寿天爷爷、杨兆卓大伯和关永玉三爷转入地下活动，秘密宣传抗日，他们日夜盼望着您早日返乡领导革命。"父亲听后，心情极为沉重。他说："当年在沈阳、辽阳和你奶奶一起工作的那些叔叔，转移到北满以后，在艰苦卓绝的斗争中大部分牺牲了。我活着，一定安葬好为国牺牲散露在北满大地的烈士遗骨，赡养烈士们留下的老人、儿女。振宇（我的原名）！你要记住，革命的后代一定要忠于党、忠于人民。我们要比别人更加热爱来之不易的革命事业。”谈话中，父亲提到傅大伯家，我说：“他不用我们帮助了，你走后，他当上了煤矿的小工头，买了十多垧地，比谁家生活都好。”父亲听后勃然大怒，站起身说：“他竟敢喝我们煤黑子的血，可恶！不要理他！”那时我是一个不太成熟的少年，对父亲的态度很不理解，直到参加革命多年，我才深感父亲对革命事业是那么忠诚，对同志是那么热忱，对无耻之徒、丧尽国格人格的人是那么憎恶！

父亲的好友唐景阳叔叔曾与父亲在北平东北民众抗日救国会共同工作过，抗战后回哈做报社社长，和父亲睡在地板上，一唠就是一夜。他说：“你父亲太俭朴了，太重革命感情了。”

父亲在生活上很节俭，从不用公家钱买生活用品，他的饮食与警卫战士一样。没有专门的炊事员，警卫战士轮流做饭。有时战士把饭做夹生了，父亲从未露出不悦之色，每天与战士们同吃高粱米，同吃土豆炖大白菜。他的住处简陋至极，两个箱子拼在一起，就算是床，“床”上放个草垫子，有时来客多了，他干脆就睡在地板上。父亲任哈尔滨卫戍副司令，他身边有两名苏军副官（中尉军衔）睡了几次地板，觉得太苦了，唉声叹气，搬到别处去了。

“此一别，竟成了我和父亲的永诀”

为了履行苏联政府与国民党政府签订的条约，我党决定退出哈尔滨。一天晚上，父亲找到我，严肃地说：“咱们爷俩要分开了，我党的领导机关和武装部队要退出哈尔滨，准备将哈尔滨政权移交国民党政府。我遵照党的指示，以公开的共产党员身份出任中苏友好协会会长。振宇，你得随着陈云伯伯撤到哈东宾县去。”

当时时局混乱，国民党先遣军特务在不久前的半夜里用机枪向父亲和陈云伯伯的住处扫射。我对父亲说：“您待在哈市多危险哪，我不离开您，咱们待在一块儿。”父亲安慰我说：“你去吧，万一时局有变化，不能让你当了国民党的人质啊。我不会出危险的，过去抗日战争时我的衣服上穿透过数不清的子弹，敌人也曾出巨额赏金买我的人头，我不是还好好的吗？不用担心，党需要我留下，和敌人面对面斗争，革命不能怕危险。”他又说：“党还给我做了两套西服呢！让我好好打扮打扮，好与国民党大员打交道。儿子，放心吧，跟刘达、邹问轩叔叔好好学习、工作。”

1945 年 12 月底，我和表叔魏承顺从宾县返回哈市，准备回老家过春节。父亲说：“你们回去吧，好让家里放心。”临行前，父亲给全家写了一封长信，大意是自

己重任在身，离不开工作岗位，暂时不能回去看望父老乡亲，请大家原谅。他特地告诉我曾祖父："在家时我学会了治家，革命后学会了治国，为老百姓办事。"

走时，父亲让秘书把他有生以来头一次领到的薪水捎回去，分给曾在沈阳、辽阳救过和掩护过革命同志的老人如邸老太太、魏姑奶奶。父亲说："她们都老了，过去为革命做过贡献，不能忘了她们。你多买些水果、点心去慰问一下他们。"谁知此一别，竟成了我和父亲的永诀！

在父亲身边的短短三个月，我感受到了父爱，那种骨肉相连的大爱，刻骨铭心的骨肉亲情，感受到父亲大义凛然、临危受命的义无反顾的革命情怀和对无产阶级事业必胜的信念！

父亲戎马一生，同日本侵略者进行了十四年的殊死搏斗，他为民族解放事业和建立中华人民共和国流尽了最后一滴血。哈尔滨解放后，各界人民为父亲建造了一座丰碑，碑上镌刻"民族英雄李兆麟将军之墓"，父亲的亲密战友冯仲云将军亲自撰写了碑文。家乡十三万青少年捐款，于 1985 年为父亲塑像，塑像屹立在市中广场，将军骑着战马，威武雄壮，气势磅礴。家乡政府专门拨款修复将军故居，并建立了将军纪念馆。

父亲生前曾对我说："作为革命后代，更应该热爱祖国，热爱党和人民。"我牢记父亲的教诲，一生积极为党为人民努力工作，清清白白做人，并教育子女继承革命先辈遗志，代代相传，为国争光，为中华民族争光。

（本文选自人民网）

白璧无瑕唯道明

——怀念母亲周璧烈士

文 / 刁节华

每当春回大地，鲜花遍山野的时候，我就情不自禁地缅怀起为抗日捐躯、长眠异乡的母亲——周璧烈士。

母亲原名俞道明，参加革命后改名周璧，寓意为白璧无瑕。她1916年出生于安徽含山县一个贫寒的知识分子家庭，1930年读完小学后，因父母早逝、家境困难而辍学，后在兄嫂帮助下自学了部分中学课程，文化水平有了较大提高。1933—1935年，她在嫂嫂任校长的含城小学任教。在开明进步的兄长的热情支持下，她读了一些五四运动以来的进步书刊，从中汲取新知识、新思想，培育着自少女时代起就表现出的强烈的追求进步、追求光明的精神。

向革命战士标准迈进

1937年，母亲结婚。1938年4月，日军铁蹄践踏含山城，烧杀淫掠，使这座山乡小城遭受浩劫。父亲成天忙于抗日救亡工作，无暇顾及妻子和刚刚出生的女儿。为了不拖累丈夫，她深明大义，把对日本侵略者的深仇大恨埋在心底，带着一家老小，栖身偏远乡间。

1939年，父亲奉组织之命，回到含山，领导中共含山区委和含北县委的工作。这时，侵占含山城的日军因西侵而暂时撤离，党的活动也因此常常在城里我的家中进行。当时的含山城，国民党名为抗日，实际却干着摩擦、分裂的勾当，国民党委任的县长把持大权，复兴社等特务组织活动猖獗，政治环境十分险恶，中共组织的一些活动只能在秘密的环境中进行。母亲虽只是个普通的家庭主妇，却深知丈夫的活动绝对不能让坏人知悉。因此，每当党组织在家中开会的时候，她便抱着襁褓中的我守在前屋担负起放哨的任务。她识大体、顾大局，支持抗日工作，关心照料同志生活，得到大家的赞誉。时隔半个多世纪，当年一起工作的马齐彬、刁洪等老同志谈到周璧仍为之感动。

1940 年初，母亲经刁洪介绍加入中国共产党。和含中心县委派她到舒无地委干训班学习。通过培训，政治和理论水平有了较大提高，向革命战士标准迈进一大步。

加入新四军东进大队

此时国民党又一次掀起“反共”高潮，安徽各抗日根据地不同程度地被压缩，一批骨干被迫向新四军江北游击纵队一大队所在的和（县）含（山）地区集中。母亲对国民党企图扑灭抗日烽火的罪行十分气愤，“木兰从军”的故事激起她从军的决心。家事虽多，国事为大，烽火连天的抗日战场召唤着中华民族的优秀儿女。她将幼小的我托付给婆母，如愿以偿地来到和含游击中心区。

1940 年 4 月，新四军一部奉命开辟淮南路东抗日根据地，需要从和含地区抽调一批干部到新区工作。母亲闻讯后，便积极要求参加新四军东进大队。组织上考虑到她还有一个幼小的孩子，就动员她仍留在本地工作。而她却说：“天下兴亡，匹夫有责，国难当头，如果只考虑孩子，怎能救国？”组织上经慎重考虑，批准她加入新四军东进大队。她告别家乡，告别亲人，踏上艰险的革命征途。

新四军在英勇阻击日军

苏北高邮湖西新区，是成钧团长带领新四军五支队老十团刚刚开辟的根据地，母亲被分配到黎城区（现属江苏金湖县）磨脐乡任指导员。新区干部比较少，除了把民愤极大、血债累累的汉奸伪区长赶跑以外，其余的乡、保、甲长都没有动，各乡的自卫队也没有收编。每个乡只派了一两名干部去担任乡长或副乡长，另外还派了一些搞民运工作的同志深入各乡，宣传发动群众，贯彻党的抗日救国十大纲领。抗日的烈火点燃起来，各个乡农抗会成立了，贫苦农民在刚成立的农抗会领导下，开展三七分租、二五减息活动。这些活动触动了地主的利益，引起土豪劣绅的不满，明里暗里，处处与抗日民主政权为难、作对。

面对严酷的现实，母亲无所畏惧，和战友们一道，积极宣传共产党的抗日主张，带领群众开展向地主豪绅借枪、借粮的斗争，乡政权的各项工作搞得有声有色。在短短的时间里，她便和群众结下了深厚的感情，得到乡亲们的信赖和支持，但同时也受到地方反动黑暗势力的切齿痛恨。

献身抗日群英气壮山河

新建立的抗日根据地成为国民党韩德勤的眼中钉、肉中刺，恨不得一口吃掉。

在三河北国民党常备十旅的策划下，1940 年 5 月的金湖，山雨欲来，黑云压城。小刀会首领冀长庚等人暗中策划发动的黎城区牌楼乡、磨脐乡等四个乡针对抗日民主政权的反动武装暴动一触即发。

面对复杂严峻形势，母亲不顾个人安危，仍然奔走在乡下做工作。5 月 24 日下午，母亲和战友王辉在磨脐乡政府召开群众大会，动员大家积极参加抗日工作。散会后已是傍晚，乡长以研究工作为名，设下圈套，把她们诱骗到一个偏僻的地方。突然，从暗处窜出六七个匪徒，粗暴地将她们绑了起来。与此同时，其他几个乡的二十多名共产党员和抗日骨干也都遭到绑架。令人震惊的反动武装暴动开始了。

面对匪徒的袭击，母亲迅速冷静下来，质问匪徒为何绑架，为何破坏抗日。乡长理屈词穷，恼羞成怒，带领匪徒将母亲和王辉劫持到三河边上，捆在一棵树上，施以酷刑，用鞭打，用刀刺。母亲遍体鳞伤仍不屈服，继续怒斥匪徒破坏抗日的行径。丧尽天良的匪徒为掩盖自己的罪行，竟将母亲和王辉拉上小船划到河中央，身上捆绑石块，残忍地沉入了滔滔的三河。母亲时年二十四岁，王辉时年二十岁，正值青春年华，就悲壮地将自己的生命献给了中国人民伟大的抗日事业。

冀长庚自恃是小刀会首领，手里有四百多支枪、十几挺机枪，收买了许多土匪入伙，又有国民党支持，非常猖狂，公然纠集两千多人，占据冀家圩，配合顽军攻打黎城区署，杀害共产党干部，破坏抗日政权。然而，国民党和冀长庚都打错了算盘。成钧团长率领新四军老十团坚决反击，只用三天时间便攻克冀家圩，活捉冀长庚，平息了暴动，挫败了国民党妄图消灭共产党新四军的阴谋，保卫和巩固了抗日根据地。

6 月 2 日，新四军五支队罗炳辉司令员主持召开公审大会，处决了以冀长庚为首的破坏抗日的反动分子。为表彰母亲的英勇献身精神，淮南津浦路东区党委将她的事迹编成教育材料，号召人们向她学习。

斗转星移，硝烟散尽。我自从两岁离开母亲怀抱，已经过去七十年，烈士献身的祖国山河发生了天翻地覆的变化。每当看到祖国建设的成就，我就会想起为新中国而牺牲的成千成万的先烈，想起亲爱的母亲——周壁烈士。

（本文选自《铁军》）

见证皖江抗日烽火

——记忆中的父亲胡孟晋烈士

文 / 胡德新　郭照东

人们常说“父爱如山”，父亲对子女的影响是深远的，父亲的形象在子女的心中是清晰的。父亲的音容笑貌永恒地定格在我儿时的记忆中，永远是他三十多岁时风华正茂的形象。

胡孟晋

儿时的记忆：父亲总是忙忙碌碌

大约在 1942 年底或 1943 年初，父亲跟随在淮南抗日根据地担任重要职务的张恺帆同志，由新四军第二师创建的淮南抗日根据地，转入新四军第七师创建的皖中（后称皖江）抗日根据地，在根据地中心区无为工作。地处无为县西南部的五区，地域开阔，是无巢中心区向南、向西发展的重要通道。为加强对无为五区的领导和控制，皖中区党委决定将原属桐庐无县委管辖的五区划出，单独设立行使县委权力的中共无为五区工作委员会，工委下辖横山、洪巷、湖陇三个区委，直属沿江地委领导。刚到无为的父亲胡孟晋任五区工委书记。

父亲从淮南抗日根据地到达皖中抗日根据地后，他工作所在地——无为离家乡舒城不远了。工作之余，思念妻儿之情常常萦绕心头。1943 年春夏之交，他派交通员化装到舒城，接我们母子去无为。后来听父亲说，这是他第二次派秘密交通员到家乡舒城接我们，第一次派出的交通员没能到达舒城，在途中就因身份暴露被地方反动武装杀害了。

在交通员的安排和带领下，母亲拉着我和弟弟胡勋，经庐江坐船过巢湖后，又步行到父亲的住地无为。在我七八岁的时候，已经开始记事，对途中乘船过巢湖印象很深，这是我第一次坐船，也是第一次见到如此辽阔的水面。

在无为见到父亲，对尚处于孩童时期的我来说，无疑是非常快乐的事情。但是，父亲与我们在一起团聚的时间太少。每每看他一身农民打扮，清晨拎上底部放置手枪的篮子，步履匆匆地走出家门；天黑了，我们弟兄倚门等候常常盼不到他的归来。父亲就是回来了，也总是在油灯下看看写写，或是不断有人来找他，与大家围坐在一起谈论着什么。父亲给我的印象总是忙忙碌碌。

外出的父亲具体忙些什么，我无从知晓，倒是对当年跟随母亲的事情记忆犹新。白天，父亲外出后，母亲常常带着我们两个弟兄走村串户，与张家的婶子、李家的媳妇聊天，聊天的内容我不懂，但我们与周边村子的百姓建立了良好的关系。后来我才知道，早在全面抗战爆发初期，离开家乡的父亲就通过家书的形式，教育和引导母亲在抗日救亡运动中开展群众工作的方法。现在回想起来，那时母亲应该是以走村串户为掩护，进行群众动员和发动工作。

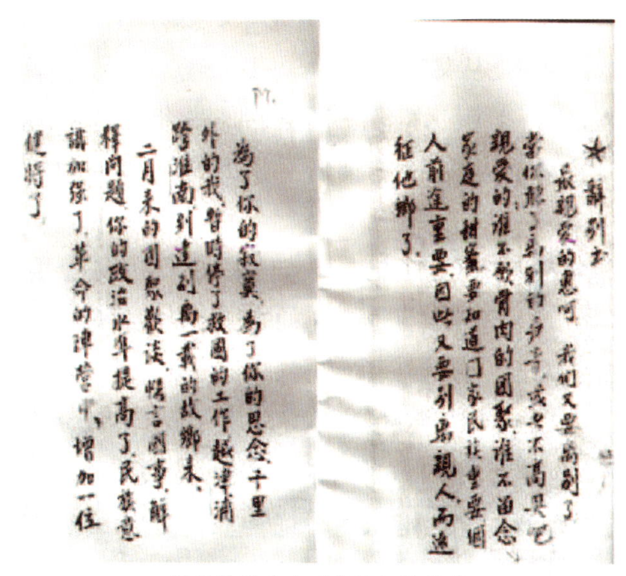
★ 離別[illegible]
最親愛的惠可：我們又要離別了
當你[illegible]，或者不高興吧
親愛的，誰不顧骨肉的團聚，誰不留念
家庭的甜蜜，要知道了，國家民族更要個
人前進，重要，因此又要別離親人而遠
征他鄉了。

為了你的寂寞，為了你的思念，千里
外的我，暫時停了救國的工作，趕津浦
路淮南到達別離一載的故鄉來。
二月來的團聚歡談，暢言國事，解
釋問題，你的政治水準提高了，民族意
識加强了，革命的陣營中，增加一位
健將了。

胡孟晋流露出对妻子炽热的爱

印象中的无为：一片抗日的热土

印象中，无为是日、顽、我三方争夺的游击区，日军占领无为县城和部分交通要道，广大乡村则为中国共产党领导的抗日根据地，但也时常遭到国民党顽军进村盘查和日伪军进村“扫荡”的事。我们所住的地方是新四军第七师部队经常活动的地方，群众基础比较好，老百姓衷心拥护新四军，不少保长名义上为伪政府或国民

党政府服务，但暗地里也为共产党领导的抗日根据地送情报。遇到伪军或顽军进村“扫荡”、盘查时，保长能提前给我们打招呼，提出应对的办法。我们是舒城口音，显然与无为口音不同，为避免在“扫荡”或盘查时遇到麻烦，保长事先和我们约定好，说无为是我们的老家，我们从小被送到外地谋生，现在是回家看看，并和相关人家达成默契。如此，在遇到顽军进村盘查时能够应付过去，没遇到什么麻烦。遇到日伪军“扫荡”时，保长也会提前向我们透露消息，母亲领着我们和乡亲们四处躲藏，也和日军打起了“游击”。无为是圩区，藏身之处难以寻觅，记得一次仓促中没能跑远，竟然猫着腰在水稻田中躲了大半天。在无为期间，一天我还和小伙伴到住地不远的刘家渡赶集，这里是沦陷区，荷枪实弹的日军把持着集市的进出口，其凶神恶煞的模样还刻在我的脑海里。

在无为生活了大半年后，无为的形势更加紧张，父亲也更加忙碌，无法顾及我们母子，母亲也不愿我们拖累父亲，便带着我们兄弟离开无为，返回老家舒城。此后，无为成为我们一家梦魂萦绕的地方。

烽火中离别时，竟成与父永别日

离开无为后，我们只能从父亲寄来的家书中了解点情况。尽管因考虑家书要受到层层盘查而写得很难懂，但我们仍深切体会到烽火年代“家书抵万金”的珍贵。中华人民共和国成立后，从他的战友回忆、出版的党史资料中，才陆续知道一点信息。

1945 年 4 月，父亲离开无为五区工委，任中共白湖中心县委委员、宣传部部长，直至 10 月北撤，他离开战斗了近三年的皖江抗日根据地。父亲随军北撤至山东后，与家里失去了联系。这段时间父亲连一封家书也没有，这可能是长期处于战斗状态，居无定所，无法告知固定驻地，又担心会给我们母子带来新的连累。后来得知父亲此时身体严重透支，染上了当时基本无望治愈的肺病。

祖母、母亲和我们弟兄都在盼望中、等待中苦挨时间的流逝。父亲 1912 年生于庐江县，幼年丧父后移居舒城县的舅舅家。在家境困难的情况下，祖母含辛茹苦供养父亲读完了师范。和母亲一样，祖母对父亲放弃家庭外出打日军是支持的，但有时对父亲的举动不能理解。一次祖母回忆说，1941 年，已经外出革命四五年的父亲写信给家里，要求家里借钱或变卖家产寄给他，支持他的“生意”（隐语，指革命）。祖母为此心里很不平衡，她不明白：人家当官给家里带来的是金钱和荣耀，可是我父亲给家里带来的却是国民党顽固势力的刁难，家里不仅没有荣华富贵，反而为之担惊受怕，甚至还要倒贴钱财。祖母对父亲的“埋怨”，更使我对父亲刮目相看。

烈士魂归故里，吾辈传承先辈精神

内战全面爆发后，因父亲参加新四军，我们自然成为“匪属”，家乡舒城百神庙的国民党基层政权人员，三番五次找上门来威胁、恐吓我们，要母亲动员父亲回来“自首”，不然要杀我们全家。家乡无法待下去了，母亲一手抱着尚在襁褓中的三弟，一手拉着大一点的二弟和我到处流浪，靠给有钱人家打零工挣钱维持基本生计。就是这样，在一处也不能久待，担心被人怀疑而被检举出来，只好干几天就走，印象中最远曾跑到过庐江等地。

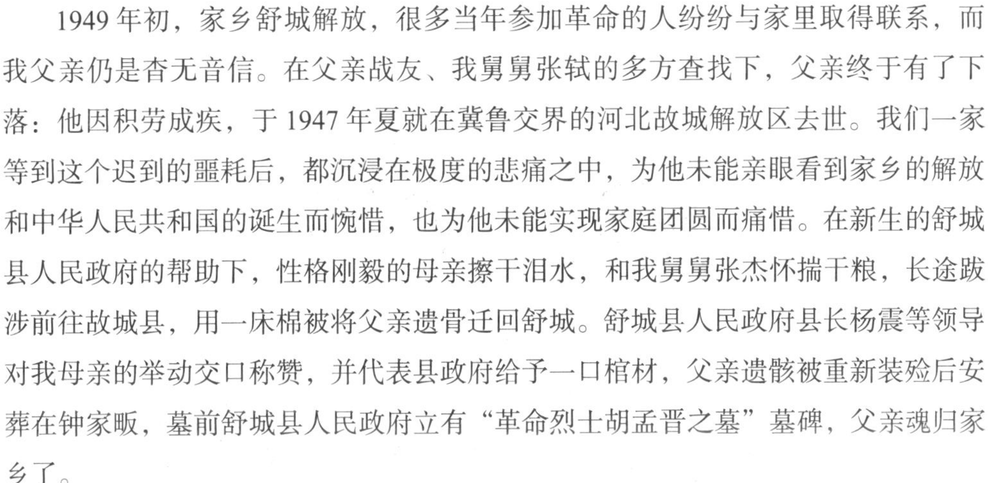

1949 年初，家乡舒城解放，很多当年参加革命的人纷纷与家里取得联系，而我父亲仍是杳无音信。在父亲战友、我舅舅张轼的多方查找下，父亲终于有了下落：他因积劳成疾，于 1947 年夏就在冀鲁交界的河北故城解放区去世。我们一家等到这个迟到的噩耗后，都沉浸在极度的悲痛之中，为他未能亲眼看到家乡的解放和中华人民共和国的诞生而惋惜，也为他未能实现家庭团圆而痛惜。在新生的舒城县人民政府的帮助下，性格刚毅的母亲擦干泪水，和我舅舅张杰怀揣干粮，长途跋涉前往故城县，用一床棉被将父亲遗骨迁回舒城。舒城县人民政府县长杨震等领导对我母亲的举动交口称赞，并代表县政府给予一口棺材，父亲遗骸被重新装殓后安葬在钟家畈，墓前舒城县人民政府立有“革命烈士胡孟晋之墓”墓碑，父亲魂归家乡了。

在各级党组织的关爱下，我们弟兄三人先后接受教育，享受吃、住、穿全免的烈属优厚待遇。工作后，在党组织的教育、培养下，我们都相继走上了领导岗位。工作中，以父亲为代表的为革命、为人民大众牺牲个人、牺牲家庭以及与人民群众建立鱼水之情、为广大人民谋利益的新四军精神，始终影响着、鼓舞着我们，我们不论在什么岗位上，都能把人民的利益放在第一位，兢兢业业、勤勤恳恳地工作，为完成父亲等新四军老战士未竟的事业而尽一份力量，我想，这也是怀念父亲、怀念革命前辈的最好方式，父亲在天之灵应该感到些许慰藉。

（本文选自《铁军》）

母亲是《地雷战》中二曼的原型

文 / 刘东利

于秀芳夫妇 20 世纪 50 年代合影

母亲回忆“地雷战”

《地雷战》这部红色经典是由中国人民解放军八一电影制片厂拍摄的。20 世纪 60 年代初，摄制组专程赴地雷战的故乡——山东省海阳县，采访了当年的一些民兵英雄和民兵模范，并进行了实地考察，在真人真事的基础上，经过精心的艺术创作，成功拍摄了这部军事教学片。《地雷战》生动再现了海阳民兵当年运用地雷战英勇抗日的传奇故事，影片一经公映，立刻引起了强烈反响，很快成为一部家喻户晓的经典之作。

而影片中那个叫“二曼”的女民兵，其原型就是我的母亲——于秀芳。当年，摄制组在山东实地拍摄《地雷战》时，母亲正巧回老家海阳探亲。作为当事人之一，母亲也接受了摄制组的采访，讲述了自己亲历的那段传奇故事。影片公映后，母亲曾对我们说，《地雷战》这部影片拍得好极了，虽然某些地方进行了艺术加工，但很多情节都是真实的，很有感染力，很能打动人，仿佛自己又回到了那个硝烟弥漫的年代。母亲告诉我们说，影片中提到的那个八路军十六团是真实存在的，它原是八路军胶东军区的一个直属团，团长的名字叫周光；影片中的那个日军据点——黄村，就是海阳县的行村镇，距离自己的娘家辛安乡木桥夼村不过八里路，日军经常“扫荡”的赵家庄就是行村镇辖区内的赵疃村……

母亲说，影片中塑造的那个民兵队队长赵虎，原型即取自海阳县的两个真实人物，分别是民兵英雄赵守福和于化虎；女民兵玉兰则采用了女民兵英雄孙玉敏名字中的一个玉字。他们都是海阳县行村镇附近的村民。而影片中那个叫二曼的女民兵，则是直接用了母亲的小名。母亲有三个哥哥，还有一姐一妹。山东俗称女孩为曼儿，母亲的姐姐于芝花小名大曼，妹妹于淑兰小名小曼，母亲居中，所以小名二曼。1971 年秋，五十五岁的父亲刘耀到东北办事途经山东，还特意去了一趟母亲的老家，拜访了已经五十八岁的老民兵英雄于化虎。当时于化虎正组织民兵演习，他热情地接待了父亲，并兴致勃勃地和父亲聊起了当年母亲和他们一起埋雷打日军的桩桩往事。

海阳县三面环海，海岸线长达二百三十公里，因地处烟台、青岛和威海三市的中心，距离这三座城市各百余公里，战略地位十分重要。1940 年 2 月（农历正月初五），日军的铁蹄踏进了海阳这块原本安宁祥和的土地。此后，日伪到处设置据点，不时到各村“扫荡”，烧杀抢掠，无恶不作，先后在留格庄镇、徐家店镇、郭城镇、盆子山区等地制造了十余起惨案，给成千上万的无辜百姓造成了深重的灾难。

母亲家乡附近的赵疃村、小滩村、文山后村、瑞宇村等位于青（岛）威（海）公路两侧，距日伪设在行村的中心据点较近，所以受害最深。但这里的人民反抗也最坚决，涌现出了许多英雄模范人物，其中最具代表性的有全国民兵战斗英雄赵守福、于化虎、孙玉敏等。

在抗战初期，民兵们手里一般只有长矛、大刀、土枪炮等落后而简单的武器，与日军先进的武器和精良的装备相比，实在是天壤之别。而主力部队发给民兵们的枪支弹药和铁制地雷，数量又非常有限，满足不了群众日益高涨的抗战需求。为了弥补武器弹药的严重匮乏，最大限度地杀伤敌人，在上级领导的启发和支持下，广大群众开动脑筋想了很多办法。

海阳县行村镇周边的乡镇村庄大都属于盆子山区，山沟里到处都是石头，若能自力更生，就地取材，自己制造石雷，那就方便多了。于是，大家先把山里的石头拉回来，按地雷的大小和形状凿开，然后在凿开的石头中间钻孔，放进自制的炸药，就造出了石雷。炸药是采用老辈人传授的土方配置的，先把硝石、硫黄和木炭按 75∶10∶15 的比例混合起来，再用石碾子将它们研成粉末，就制成了黑褐色的炸药。有了上级发给的铁雷，再配合自己造的石雷，解决了民兵作战武器短缺的大问题。由此，地雷战就在海阳境内轰轰烈烈地大规模开展起来。

自打日军侵入自己的家乡后，母亲就再也无心务农、做家务了。那时三个舅舅两个在外给地主扛活，一个参加了八路军，姥姥又常年有病，大姨于芝花嫁到外村，小姨于淑兰尚且年幼，所以家里家外的活计大都落在母亲身上。但在干完自家活计后，母亲还是经常偷着往外跑，参加村里的抗日活动和支前工作，跟其他民兵一起学打枪、学埋雷……

母亲说，山东过去的封建意识比较浓，不许女孩子抛头露面，更别说像男孩子那样舞枪弄棒、摆弄地雷了。因此，母亲她们的抗日活动就引起了一些人的风言风语，说什么："大姑娘家不老老实实地在家里待着，整天到处疯跑，像什么样子！"有的人甚至还跑到姥爷于成瑞那儿去告状。姥爷听了很生气，坚决不让母亲再外出了。可母亲心里自有主张，还是经常偷着跑出去参加村里的各种抗日活动。有一次，上级奖给母亲两个地雷，她把这两个铁"西瓜"网起来，自豪地挂在脖子上，一口气跑到家。可是左掂量右思忖，不知到底应该放在哪儿，最后只好把它们偷偷地藏在茅房的角落里。可后来，铁"西瓜"还是被姥爷发现了。姥爷又气又恼，对母亲大加训斥。可母亲不改初衷，照样跑出去和其他民兵一起埋地雷，弄得姥爷无可奈何，只好由着母亲去"折腾"。

母亲从小就有很强的反封建意识。中华人民共和国成立前山东旧俗强迫未出嫁的女子裹小脚，从小就订"娃娃亲"，母亲坚决不屈从！她白天假装用布把脚裹上，晚上再悄悄地把缠在脚上的布拆掉。后来，大姨成了"三寸金莲"的小脚，做了封建礼教的牺牲品，而母亲却成了"解放型"的大脚，终日奔走在抗日救国和祖国解放的最前线。

为了防备日伪军的频繁"扫荡"，海阳境内相邻的几个甚至十几个村子的民兵彼此配合，组成了民兵联防队，其中"五虎联防""凤凰联防""台山联防""八王联防""寨山联防"五大联防最为著名。他们在赵疃村附近的东松山上架设了信号树，只要据点里的日军一出动，站岗放哨的民兵就移动信号树，以此指明敌人的动

向。大家知道敌人出动了，就赶紧组织疏散乡亲们转移到山里去。爆炸组的民兵们负责在敌人必经的路上埋设地雷，游击组的民兵们负责监视敌人的行踪，做好一切战斗准备，有效地保护了自己、打击了敌人。

有一次，母亲和几个民兵正在路边埋雷，一队日伪军悄无声息地向她们逼近。她们发觉后拼命往山里跑，借助山石和树丛的掩护与敌周旋，终于摆脱了敌人的追赶。母亲说，当时自己的想法非常简单，就觉得即使被日军抓住了，或为革命牺牲了，那也是光荣的，所以一点都不害怕，甚至还有几分自豪。母亲说，日军对让他们吃尽了苦头的埋雷民兵恨之入骨。有一次他们抓住了一个埋雷的民兵，极尽折磨、摧残之能事，先用鼓风机往这个民兵的肚子里吹气，尔后再用刺刀把人捅死，其行径令人发指。敌人的滔天罪行激起了抗日军民更深的仇恨，他们不断研制新的地雷品种和新的埋雷方法，在更大的范围内，痛击更多的来犯之敌。

于秀芳20世纪60年代在单位学习的照片

追寻母亲的足迹

母亲1925年出生在山东省海阳县辛安乡木桥夼村一个贫苦农家，上有三个哥哥和一个姐姐，下有一个妹妹，全家八口人的生计全靠姥爷租种地主的两亩薄田艰难维持。母亲说，她小的时候常年吃的都是地瓜和稀得能照见人影的米汤，而收成不好的年景，连这样的东西也吃不上，只能吃地瓜藤或野菜充饥。她们姐妹仨连一件像样的衣服都没有，有时甚至要几个人合穿一条裤子，谁出门谁穿，留在家里的只能挤在小火炕上做针线活。大舅、二舅常年外出给地主扛活，三十多岁还娶不上媳妇；三舅于安年被抓到煤窑当苦力，1939 年逃出魔窟参加了八路军。三舅的勇敢行为对母亲影响很大，她暗暗下定决心，也要参加八路军打日军。

母亲小时候患过一场严重的伤寒，由于家里没钱医治，她被病魔折磨得面目全非，头发都掉光了，眼球也凸出来了，全身骨瘦如柴，奄奄一息。万般无奈之下，家人只好采用民间土方给她治疗，母亲居然奇迹般闯过鬼门关，顽强地活了下来。那时姥姥患有慢性肠炎，经常拉肚子，身体异常虚弱，但也只能在田间、路旁采点野生马齿苋熬水喝，或吃几瓣大蒜对付。姥爷经常叹气说："这样的苦日子太难熬了，还不如全家人吃点毒药死了省心呢！"有一次，姥爷真的跑到镇上买回了一包老鼠药，想放在饭菜里把全家都毒死，幸亏被人及时发现，才避免了一场灭门之灾。

母亲参加革命时尚不满十六岁，曾在村妇救会担任过自卫队队长，积极组织全村妇女参加抗日斗争和支前工作；后来又参加了行村镇的民兵组织，并担任小组长，和男民兵们一起打游击、埋地雷。在反"扫荡"斗争中，母亲多次参加战斗，先后打死抢粮、烧杀的日本兵三人，炸伤十人，于 1945 年 8 月荣获胶东军区司令员许世友和政委林浩授予的"胶东一等民兵模范"奖章。

这枚奖章的正面为蓝白两色，象征天空和大海，其左侧写有"胶东一等民兵模范"几个字，右侧是一个全副武装的红色民兵形象；奖章背面是"胶东军区"和一个"奖"字，编号为三十九。别看这枚圆圆的小奖章材质不精，外观也很普通，可这份荣誉凝聚着母亲抗日救国的一腔热血，体现着母亲对党和人民的无限忠诚。在当年所有荣获"胶东一等民兵模范"的海阳民兵中，母亲是唯一的女性。

由于表现突出，1945 年 1 月，不满二十岁的母亲光荣地加入了中国共产党；同年 10 月，母亲被胶东军区抽调到东北民主联军辽宁四分区吉林省辉南县联合会工作，从一个被日军称为"土八路"的女民兵，正式成为中国人民解放军中的一员。也就是在这时，母亲经人介绍，结识了一位身经百战的老红军、湖南茶陵人刘耀，共同的理想和追求，使他们最终结成了革命伴侣。

母亲经常对我们说："人不管到什么时候，都要懂得感恩、想着报恩，千万不能忘本！""比比那些为革命牺牲的烈士们，我做的那点事情算得了什么？他们连生命都献给了祖国和人民，而我还能活着看到新社会、享受新生活，应该感到很满足了！""想想旧社会我家吃的那些苦、受的那些罪，真多亏有了共产党的领导，我们才能翻身当家做主，过上现在的好日子，真的应该感到很幸福了！"

正因如此，在母亲的一生中，不管自己遇到什么样的困难和麻烦，她都不会向组织和领导提条件、要待遇，请求特殊照顾，而是顾全大局，默默承受压力，克服困难，从不计较个人得失。

1954 年大裁军，大批女兵要从部队复员到地方。母亲当时已是正连级干部，多次立功受奖，又是单位骨干，完全有理由申请留队。可她想得最多的是，作为共产党员，应该时刻以党的利益为重，什么时候都要起模范带头作用。于是她毅然服从组织决定，脱下了心爱的军装。20 世纪 60 年代初，我国经济出现严重困难局面，生活物资供应十分短缺。母亲饿得面黄肌瘦、全身浮肿，但她从来没有向组织上伸过一次手、叫过一声苦。为了不影响孩子们的生长发育，她只身一人回到山东老家，投亲靠友筹措到一些地瓜干、花生饼、芋头之类的食物，千里迢迢地背回家给孩子们吃；同时她还在自家门前的空地上，种上芋头、土豆等，硬是咬牙度过了那段艰难的时期。

母亲崇高的品格

母亲为人一贯低调、内敛，从不炫耀。父亲刘耀是亲历二万五千里长征的老红军，也是一位久经沙场的老革命，但母亲从不以首长夫人自居，除了亲戚们略知她的一些情况外，其他人对她过去的革命经历都不甚了解。虽然她参加过著名的地雷战，获得过骄人的荣誉，但她从不向外人炫耀，只是在教育子女时，才会提及当年那段不平凡的经历，并且亲自给我们演示各种埋雷方法。当时我们尚且年少，只是觉得母亲讲的故事挺有趣，从没把母亲当成英雄模范看待。后来我们渐渐长大了，并多次观看了电影《地雷战》，才真正对地雷战的威力有了感性认识，对母亲的光荣历史有了深切的感受。

由于家贫，母亲小时候上不起学，看到有钱人家的子女每天背着书包进学校，她心里十分羡慕。为了实现自己的愿望，母亲就躲在学校外面的窗台边偷听先生讲课，默记先生教授的课文，最后竟也能熟练地背诵《三字经》《女儿经》，熟知《千字文》《弟子规》《名贤集》《朱柏庐治家格言》中的诸多名句，并能生动地讲述《二十四孝图说》中的感人故事……

事实上，母亲的文化学习是入伍之后，进了部队的扫盲班才真正开始的。凭着顽强的意志和强烈的求知欲，母亲很快就摘掉了“文盲”的帽子，不仅能读书、看报、写信了，还在部队担任过干事、出纳、书记等文化人才能胜任的职务。母亲深知没文化的难处，因此想方设法地供子女上学。1964 年 9 月，老大和老二分别以优异成绩考上了南京市外国语学校，进入高中英语班和初中法语班学习。母亲激动地说："过去我连自己的名字都不会写，现在孩子们居然可以学洋文了！"那时，每当我们在学校被评为优秀学生干部、"五好学生"，母亲的脸上都会洋溢出灿烂的笑容，并总是把我们的奖状贴在家里最醒目的地方——进门一眼就能看到的墙中央。每当我们获得优秀党团员的荣誉称号时，母亲都会捧着喜报和奖章告诫我们说："雁过留声，人过留名，一个人无论到何时何地，都要行得端、做得正，要给自己留下一个好名声。"

母亲是属牛的，她的品格和为人也像老黄牛那样，忠心耿耿、朴实无华。她的一生，总是把方便让给别人，把困难留给自己；为别人想得多，为自己想得少。在我们儿女的眼里，母亲既是一个平凡的人，也是一个高尚的人。她细微之处的一言一行，是那么慈善、那么亲切，总是给人以阳光般的温暖和感动；她为人处世的一点一滴，都闪烁着人性的光辉，蕴含着崇高的品格。

母亲一生勤劳俭朴，从不乱花一分钱，浪费一点东西。她总是精打细算地操持全家人的日常生活。大人的衣服旧了，就改小了给孩子穿；床单破了，就用糨糊打成"袼褙"用来做鞋垫；毛衣穿坏了，就填上新毛线重新织好……母亲每天早晨第一个起床，做饭洗衣、打理家务，晚上则最后一个上床睡觉，真是"两眼一睁，忙到熄灯"，从早到晚几乎没有闲的时候，非常辛苦。

母亲自己非常节俭，对别人却是有求必应，不管谁遇到了困难，只要求助于她，她总是毫不犹豫地伸出援手，特别是对山东老家的亲友，更是毫不含糊。20世纪六七十年代物资严重匮乏，卖什么都发票，买什么都凭证，可母亲宁愿自己家省吃俭用，也要慷慨解囊，拿出节省下来的钱物去帮助那些有困难的人……当我们不理解母亲为何要如此善良、如此实在、如此仗义时，母亲总是意味深长地对我们说："我自己过去经历了那么多的苦难，最能体会到人在困难和危急时，那种渴望帮助的滋味。"正是母亲特殊的成长经历，塑造了她豪爽、善良、朴实、忠厚的性格，所以母亲一生爱憎分明，具有强烈的同情心，特别能设身处地为他人着想。

我们小的时候，母亲因孩子多、负担重，无法外出工作，只得在家操持家务，但她却一心想着报答党的恩情。那时我们居住的大院里成立了居委会，这份工作不拿一分钱报酬，完全是尽义务，既琐碎又辛苦，没人愿意去干。但当组织上找到母亲时，她毫不迟疑地接受了这份额外的苦差事，兼任起了居委会主任和党支部书记。在工作中不管遇到什么困难和麻烦，她总是积极带头去干，像一头老黄牛，无怨无悔地奉献着自己的一切。

作者三岁时与父母及外祖父（右二）的合影

母亲的一生历经抗日战争、解放战争、社会主义革命和建设、改革开放等重大历史时期，是战斗的一生、革命的一生、奉献的一生。在平凡的岗位上，她一直在默默无闻、无私无畏地奉献着自己的光和热。如今，母亲已长眠在南京市雨花台功德园中的红星园，那是雨花台革命烈士陵园中规格最高的墓地。墓园的四周被苍松翠柏环绕，气氛庄严肃穆静谧。那里安葬的都是曾经为中国革命做出过重大贡献的革命老前辈。黑色的大理石墓碑上，镶嵌着他们佩戴军功章的老照片，镌刻着他们浩气长存的英名；墓台的中央赫然立着一颗硕大的红五星，墓碑的后面铭刻着他们既往的革命事迹，默默地向前来吊唁的人们诉说着那些可歌可泣的动人往事……

（本文选自新华网，有删节）